DIE RUHE.

Das Moos.

Geborgenheit.

Das lichte Dach
der Bäume —
darüber
Himmel!

WALDWUNDER

VOM GLÜCK, IM GRÜNEN ZU SEIN

Kleine Auszeiten in Bildern und Geschichten

Vorwort

Der Wald schenkt uns Holz, Waldmeister und Brombeeren. Er ist Schauplatz für romantische Spaziergänge, Laufstrecke bei bester Luft, Farbpalette für die schönsten Grüntöne der Welt. Wald macht glücklich, wir müssen nur hineingehen – vor unserer Haustür, denn der nächste Wald ist bei uns in Deutschland nie besonders weit. Aber auch sonst überall in Europa locken weite, wilde Wälder. Was Sie dort erleben können, davon erzählt unser Buch. Mit dem Rentierschlitten durch eine verschneite Landschaft in Lappland? Wir zeigen Ihnen, wo. Oder lieber einen »Indian Summer« genießen? Dann auf nach Schottland, wo der Herbst einen Wald voller Legenden in ein Feuerwerk verwandelt.

Waldwunder gibt es viele in Europa, manche versteckt, andere gut zugänglich. Ein Wald in Schweden, in dem Trolle leben. Küstenwälder in Estland – hier trifft Wald auf Strand. Bergwälder in der Schweiz, deren uralte Bäume sich seit Jahrhunderten gegen Wind und Wetter stemmen. All diese Wälder laden ein: zu Abenteuern und zum Nichtstun, zum Wandern, Paddeln, Radfahren, Reiten. Ja, und warum nicht: zum Draußenschlafen, so, wie es einer unserer Autoren im Voralpenland gemacht hat – mitten im Winter.

Überraschungen warten in allen Wäldern. Auf einer Flusstour durchs dichte Grün in Griechenlands Norden. Es duftet nach Pinien und in den Bergen sind »Trüffeljäger« unterwegs. Überhaupt: Sachen machen im Wald, wir haben da einige Vorschläge! Wie wäre es mit »Waldbaden«, einer Tradition aus Japan, die auch hierzulande immer mehr Anhänger findet? Eintauchen in die grüne Atmosphäre, mit den Händen die raue Rinde der Eichen spüren, das Gezwitscher der Vögel im Ohr und Tannennadeln unter den Füßen. Wer genau hinfühlt, wird den Wald gestärkt verlassen. Erst recht, wer ihn schmeckt: Zu jeder Jahreszeit hält er andere Spezialitäten bereit. Aus Fichtentrieben gewinnt unsere Autorin einen köstlichen Sirup.

Sie werden staunen über die Vielfalt der Wälder. Buchenwälder auf Rügen und in Deutschlands Mitte, Zirbenwälder in Österreich. Der Urwald Białowieża in Polen, Heimat mächtiger Wisente. Nebelwälder auf La Gomera und Korkeichenwälder in Portugal. Wälder locken zu allen Jahreszeiten. Wer möchte, kann im Winter die Pyrenäen auf Schneeschuhen durchstreifen oder langlaufen im Harz. Im Frühjahr auf einem Baumwipfelpfad seinen Blick über den Thüringer Hainich schweifen lassen. Im Sommer durch die dunkelgrünen Tannenwälder der Hohen Tatra wandern. Im Herbst im Berchtesgadener Bergwald die Hirsche röhren hören – ein archaisches Erlebnis. Oder in der Eifel auf den Spuren deutscher Geschichte wandern.

Medizinische Studien haben gezeigt, dass gesünder lebt, wer jeden Tag eine halbe Stunde im Wald spazieren geht. Dieses Buch steckt voller Waldwunder, unsere Autoren haben sie für Sie entdeckt: Kleine Länder mit großen Wäldern und ebenso großer Gastlichkeit wie Slowenien und Montenegro. Große Länder mit unendlichen Wäldern und ebenso vielen Seen wie Finnland. Die Karpaten, wo noch immer Bären durch die Wälder ziehen und das sagenumwobene Schloss von Graf Dracula steht. Kalabrien, wo sich riesige Schwarzkiefern in den italienischen Himmel recken.

Wir stellen Ihnen Menschen vor, die eine ganz besondere Beziehung zum Wald haben: Einen Zeidler zum Beispiel, der Bienenvölker nach alter Tradition in Baumhöhlen hält, und eine Duftexpertin – sie fängt den würzigen Duft des Waldes in ihren Parfümkreationen ein.

Wer Glück hat, erinnert sich an die Wälder seiner Kindheit. Aber jeder kann sich aufmachen, neue Glückswälder zu entdecken – vielleicht schon am nächsten Wochenende. **Oder gleich hier und jetzt.**

Kleine AUSZEITEN &
Große abenteuer

12 **DER WALD – DAS GRÜNE WUNDER**

14 **WALD-ABC**

NORDISCHE wälder

22 **KARELIEN**
Wälder, Seen und Einsamkeit

28 **HIGHLANDS**
Schottische Herbstklänge

34 **ÖLAND**
Auf den Spuren der Trolle

38 **ZEHN FRAGEN AN ...**
... die Märchenerzählerin

42 **LEVI**
Zen im Schnee

48 **HEDMARK**
Die Wipfel der Gemütlichkeit

52 **FULUFJÄLL**
Der alte Tjikko

58 **SACHEN MACHEN**
Überleben in den Wäldern

62 **STOLBERGET**
Back to the Roots

68 **NORDJÜTLAND**
Radfahren in Wald und Dünen

Heimische Wälder

74 **NATIONALPARK JASMUND**
Wald über dem Meer

80 **ZEHN FRAGEN AN …**
… den Baumversteher

84 **WENDLAND**
Mein Wald der Erinnerung

88 **STADTWALD LÜBECK**
Wildnis in der Stadt

94 **HARZ**
Frau Holle lässt die Muskeln spielen

100 **SACHEN MACHEN**
Im Schlaraffenwald

104 **NATIONALPARK HAINICH**
Das grüne Herz Deutschlands

110 **EIFEL**
Auf den Pfaden der Kindheit

114 **ODENWALD**
Die vier Jahreszeiten

120 **BAYERISCHER WALD**
Der gläserne Wald

124 **BERCHTESGADENER LAND**
Das Röhren der Hirsche

130 **BAYERISCHES VORALPENLAND**
In einer Winternacht

134 **ZEHN FRAGEN AN …**
… den Zapfensammler

138 **TIROL**
Zwischen den Welten

144 **UNTERENGADIN**
Das Wunder von Tamangur

wälder im süden

192 **LOGARSKA DOLINA**
Zum Glühen der Alpen

198 **GRÜNER KARST**
Wo sich Bär & Luchs Gute Nacht sagen

204 **SACHEN MACHEN**
Sprechstunde, Doktor Wald

208 **VAL GRANDE**
Die Rückkehr der Stille

214 **SILA-NATIONALPARK**
Die Riesen von Sila

220 **ZEHN FRAGEN AN …**
… die Duft-Designerin

224 **ZAGORIA**
Von essbaren Wäldern

230 **NATIONALPARK DURMITOR**
Wo die Uhren langsam ticken

234 **SACHEN MACHEN**
Baumgold

236 **DER WALD VON BROCÉLIANDE**
Hier ist Magie im Spiel

242 **PYRENÄEN**
Die wilden Berge

248 **SIERRAS DE TEJEDA, ALMIJARA & ALHAMA**
Das Mittelmeer ist immer dabei

252 **LA GOMERA**
Wo Bäume Wolken melken

258 **ALENTEJO**
Auf den Spuren der Korkeiche

wälder im osten

150 **LAHEMAA-NATIONALPARK**
Einen Augenblick lang

156 **URSTROMTAL DER ABAVA**
Auf dem Fluss zum Hain der alten Götter

162 **ZEHN FRAGEN AN …**
… den Zeidler

166 **WALD VON SPYCHOWO**
Galopp durchs Kiefernmeer

170 **BIAŁOWIEŻA-NATIONALPARK**
Im Reich der Wisente & Eichen

174 **SACHEN MACHEN**
Was krabbelt denn da?

178 **HOHE TATRA**
Tannenträume

184 **SÜDKARPATEN**
Das Land jenseits der Wälder

264 **WALDFREUNDE**

271 **IMPRESSUM**

Buchenwald mit Hasenglöckchen, Hallerbos, Belgien

{ BLUMEN sind das *Bodenvolk* des **Waldes** }

Der
Wald –

Von Marion Hahnfeldt

➽ Geheimnisvoll. Geschichtenträchtig. Hort der Sehnsucht. Der Wald fasziniert. Und während sich sonst
überall die Zeit schneller zu drehen scheint, kommt hier
der Mensch zur Ruhe.

»Leg dich an einem schönen oder auch windigen Tag
in den Wald«, schrieb Robert Musil, »dann weißt du
alles selbst.« – Wir ziehen wieder hinaus in die Natur,
wir waldbaden, wandern, erleben den Wald mit allen
Sinnen. Wir sehen, hören und spüren den Wald und
wer einmal im Sommer durch einen Kiefernwald
spazieren gegangen ist, der wird seinen Duft nicht
mehr vergessen: würzig, moosig, erdverbunden.

Der Wald sei ein Seelentröster, heißt es. Hier findet
der Mensch zum inneren Frieden. Er ist ein Hort
der Sehnsucht, der inneren Einkehr, besungen und
bedichtet. Durch den Wald geht die Menschheits-

DAS GRÜNE
WUNDER

geschichte auf Reisen in eine Zeit allen Anfangs, als alles noch Wald, Steppe und Meer war. Das ist vielleicht auch der Grund, warum sich kaum jemand seiner Faszination entziehen kann: Einst stieg der Menschenaffe vom Baum, und am Boden lernte er, auf zwei Beinen zu gehen, in seinem Unterbewusstsein ist diese alte Beziehung bis heute verankert.

Drei Billionen Bäume zählt die Erde, 90 Milliarden wachsen in Deutschland, es gibt hier 76 Baumarten; Buchen, Eichen, Birken wachsen und wenn man sie die grüne Lunge nennt, meint man ihre selbstlosen Dienste, wie sie mit ihren Blättern und Nadeln die Luft von Schadstoffen reinigen. Ohne sie hätte der Mensch kaum mehr Luft zum Atmen. Im Wald geborgen, dem Wald zu Dank verpflichtet. Der Wald spendet Trost, sanft gleiten Samen aus Kienzapfen, Blätter wachsen und aus dem Holz wird Wärme, der Wald bietet Schutz, er bietet Nähe und selbst als Apotheke macht er von sich reden.

Caspar David Friedrich malte den Wald als einen mystischen Ort, im Märchen steht er für ein ambivalentes Verhältnis: Das Böse, nachts lauernd unter dem dichten Dach einer Erle, die Äste stöhnen und knarzen, der Wind spielt gespenstisch in den Blättern, ein Kauz ruft, ein Windhauch fährt durch Birke und Buche. Aber am Morgen erwacht der Wald von Neuem, so, als wäre nichts gewesen. Alles nur noch grüne

Menschenfreude, das Schlechte wendet sich zum Guten. Während man bisher glaubte, Bäume seien stille Wegbegleiter, schreibt die Wissenschaft längst ein neues Kapitel. Der Wald lebt, er spricht und wer genau hinsieht, genau hört, lernt ihn zu verstehen, ein neuer Kosmos erschließt sich, wird einem vertraut.

Und dann ist da noch die Geschichte von jenem Mann, der einst in der wasserlosen Gegend der Cevennen in Südfrankreich lebte. Als er erkannte, dass diese Landschaft bald veröden würde, wenn dort keine Bäume wachsen, beschloss er, einen Wald zu pflanzen. So setzte er Tag für Tag 100 Eicheln, später folgten Buchen, Ahorne, Birken, Erlen und Ebereschen. Als Elzéard Bouffie, so sein Name, im Alter von 89 Jahren schließlich starb, hatte er einen der schönsten Wälder Frankreichs geschaffen. Es ist immer eine kleine Gruppe umsichtiger, entschlossener Menschen, die die Welt verändert. Mit seinem Büchlein »Der Mann, der Bäume pflanzte« setzte der Schriftsteller Jean Giono ihnen ein wunderbares Denkmal.

Der Wald ist ein Glücksbringer, er bedeutet Frieden, er ist Balsam für die Seele, er stillt das Verlangen nach Stille und es bedarf nicht viel, seine Schönheit zu erkennen.

Rausgehen. Sehen, hören, fühlen. Die schönsten Dinge sind für kein Geld der Welt zu haben. ◂

WALD-ABC

Eine Höhle aus Moos, ein rauschendes Blättermeer, eine lichtdurchflutete Kathedrale – das alles ist Wald. Rätsel und Geschichten, Wunder und Wissen von **A** bis **Z**.

Von Marion Hahnfeldt

a
wie Ameisen

Sie leben gesellig miteinander, und das häufig an Waldrändern. Ameisen sind das Vorbild für einen funktionierenden Staat, selbstlos ordnen sich die Tierchen der Gemeinschaft unter. Neben ihrem legendären Fleiß verfügen sie außerdem über ein erstaunliches Kombinationsvermögen. Unter anderem berechnet ihr 0,1 Milligramm schweres Hirn aus der Zahl der Schritte und dem Stand des Sonnenlichts den Rückweg zum Bau.

B
WIE BUCHE

Ohne den Menschen wäre Mitteleuropa überwiegend von Buchenwäldern bedeckt. Auf mittleren Standorten, nicht zu trocken, nicht zu feucht, nicht zu warm oder zu kalt, ist die Buche nahezu konkurrenzlos - das ist auch der Grund, warum sie als die »Mutter des Waldes« gilt. Der Aufguss ihrer Rinde soll Fieber senken und antiseptisch wirken. Auch das Wort »Buch« ist von ihr abgeleitet, denn früher wurde auf dünnen Buchenholztafeln geschrieben.

C
wie Chlorophyll

Ohne Farben und Farbstoffe funktioniert in der Natur nichts, und Chlorophyll ist das, was den Pflanzen ihr Grün verleiht. Mit Chlorophyll können sie aus dem Sonnenlicht Sauerstoff und Zucker (Photosynthese) herstellen. Den Zucker speichern sie, den Sauerstoff aber geben sie wieder ab. Im Herbst dann baut der Baum das Chlorophyll in den Blättern ab, bei Laubbäumen dauert es im Schnitt eine Woche. Danach bleiben nur noch die Rot- und Brauntöne übrig, deshalb leuchten die Blätter auch so wunderbar farbenbunt.

D
wie Dachs

Er ist ein sehr scheuer Waldbewohner, wie der Uhu nachtaktiv und zählt ebenfalls zu den Raubtieren. Der Dachs lebt in Höhlen unter der Erde, meist in einer Art Wohngemeinschaft aus mehreren Generationen. Denn während sich die weiblichen Nachkommen ein Jahr nach ihrer Geburt auf Wanderschaft begeben und sich einen neuen Bau suchen, bleibt ein Teil der männlichen Dachse im elterlichen Zuhause zurück und baut es sogar noch aus – so entsteht ein Labyrinth mit bis zu 100 Meter langen Gängen.

e
wie Eicheln

In Kriegszeiten nutzte man sie als Kaffeeersatz oder zum Brotbacken – eine Eichel enthält bis zu 38 Prozent Stärke. Sie wird nur alle zwei bis sieben Jahre ausgebildet, und der Eichelhäher ist unter anderem derjenige, der für die Verbreitung des Baums sorgt. Wer selbst eine Eiche ziehen möchte, vergräbt eine Eichel in einem Blumentopf und lässt sie keimen. Wenn der Sprössling groß genug ist, kommt er in den Garten. Nach zehn Jahren ist er ein richtiger Baum.

F
wie Farne

Früher hat man Farne zur Füllung von Matratzen und als Dämmmaterial genutzt oder als Mittel gegen Milben und Läuse. Farne sind Tausendsassas und wahre Überlebenskünstler. Es gab sie schon vor einigen 100 Millionen Jahren und noch heute sind sie überall auf der Welt zu finden – in Europa in allen kühleren und feuchteren Wäldern. Hier sind etwa 100 Arten beheimatet, einige kann man sogar essen. Die frischen Wurzeln des heimischen Tüpfelfarns sollen süßlich schmecken.

G
WIE GRIMMS MÄRCHEN

Rotkäppchen, Schneewittchen, Hänsel und Gretel – was wären die Märchen der Brüder Grimm ohne den Wald? Er bildet so etwas wie den Rahmen ihrer Geschichten, mal erscheint er uns dunkel und furchteinflößend, mal ist der Wald schützend und vertraut, immer aber steht er für etwas Ambivalentes, Ungewisses. Und wenn am Ende schließlich das Gute über das Böse siegt, hat der Wald seinen Zauber entfacht. Zauberwald.

H
wie »Hier im Wald«

»Hier im Wald mit dir zu liegen,
moosgebettet, windumatmet,
in das Flüstern, in das Rauschen
leise liebe Worte mischend,
öfter aber noch dem Schweigen
lange Küsse zugesellend,
unerschöpflich – unersättlich,
hingegebne, hingenommne,
ineinander aufgelöste,
zeitvergeßne, weltvergeßne.
Hier im Wald mit dir zu liegen,
moosgebettet, windumatmet.«

Christian Morgenstern

I

wie Iris

Die Iris oder auch Schwertlilie ist nicht nur eine Schönheit, medizinisch angewendet soll sie bei Asthma, Husten und Kreislaufschwäche helfen, außerdem dient sie als Zusatz in Zahnpflegemitteln, Parfüm und Likören. Die Sumpfschwertlilie wächst, wie der Name schon sagt, unter anderem in feuchten Wäldern. Sie blüht leuchtend gelb, kein Wunder, dass sie ihren wissenschaftlichen Namen von der griechischen Regenbogengöttin Iris hat. Eben eine göttliche Erscheinung.

J

wie Jahresringe ...

... geben das Alter der Bäume an. Jedes Jahr bildet ein Baum einen neuen Ring aus. Für diese Altersbestimmung von Holz gibt es eine eigene Forschungsrichtung, man nennt sie Dendrochronologie. Das Wort setzt sich aus den drei griechischen Begriffen déndron (Baum), chrónos (Zeit) und lógos (Lehre) zusammen. Und, schon gewusst? Die Breite der Jahresringe hängt von der Baumart und den Wachstumsbedingungen ab. Mittlerweile weiß man, dass sich das Dickenwachstum eines Baumes mit dem Alter verlangsamt.

K

Krause Glucke

Der Name führt in die Irre. Eine Krause Glucke ist kein verwirrtes Huhn, eine Krause Glucke ist ein Pilz, der aussieht wie ein Schwamm und ziemlich würzig riecht. Man findet ihn häufig zu Füßen von Nadelbäumen, dort kann er auch noch Jahre nach dem Fällen des Baumes nachwachsen. Anfangs hat die Glucke eine weißliche Farbe, später wird sie gelblich, noch später bräunlich – dann aber schmeckt sie bereits bitter und ist unbekömmlich.

L

WIE LICHTUNG

Im rechtlichen Sinn gelten Lichtungen als Wald, obwohl darauf gar keine Bäume stehen. Und auch wenn es aussieht, als würde dort nichts wachsen: Lichtungen sind sehr artenreich. Dort brüten Goldammern, Grasmücken und Neuntöter, das Wild kommt zum Äsen. Eine Lichtung kann natürliche Ursachen haben, wenn etwa große Bäume altersbedingt oder durch starke Stürme umstürzen. Die meisten Lichtungen sind jedoch menschengemacht, sie entstehen durch forstliche Bewirtschaftung. Der Name erklärt sich eigentlich von selbst; er ist abgeleitet vom Verb lichten, mit Licht überflutet.

M
wie Moos

Moose stammen ursprünglich von den Grünalgen ab. Und obwohl Grünalgen hauptsächlich im Meer wachsen, sind Moose bis auf wenige Ausnahmen Landpflanzen. Ihre Herkunft erklärt aber möglicherweise, warum sie Wasser benötigen, um sich fortpflanzen zu können. Nach heutigem Wissensstand entwickelten sie sich bereits vor 400 bis 450 Millionen Jahren. Früher wurden manche Moosarten für Matratzen und Polsterfüllungen genommen, bei den Inuit dienten sie als Füllung von Särgen.

n
wie nachtaktiv

Nachts erwacht der Wald zu neuem Leben: Lautlos und pfeilschnell jagen Eulen nach Beute, der Kauz ruft, Frösche quaken und im Schatten der Dunkelheit wagen sich jetzt auch die Kleinsten hervor. Es raschelt, es quietscht überall und weil der Mensch diese Geräusche nicht gewohnt ist, sind sie ihm nicht ganz geheuer. Für viele Tiere und Pflanzen bedeutet die Dunkelheit aber Schutz, andere bevorzugen die Kühle der Nacht, weil ihr Körper dann weniger Energie verbraucht, und wieder andere vertragen das Tageslicht nicht. Der Regenwurm etwa würde in der Sonne vertrocknen – und auch Schnecken reagieren sehr empfindlich auf die Sonnenstrahlen. Nachts sind eben längst nicht alle Katzen grau.

O
wie Obstler

Schnaps ist nicht gleich Schnaps, es gibt Weinbrand, es gibt Gin, es gibt Whisky – und es gibt den Obstler. Unter den hochprozentigen Getränken fristet er allerdings eher ein Aschenputteldasein. Das ist nicht ganz gerecht, denn die Variationsmöglichkeiten sind unendlich. Man kann den Obstler aus Wacholder oder wildem Obst gewinnen und wer mag, googelt nach einem Haselnussobstlerrezept. Belohnt wird man mit einem feinen Destillat, nussig im Abgang, weich auf der Zunge – die Haselnuss quasi zum Trinken.

P
WIE POTTASCHE

Pottasche (Kaliumcarbonat) kennt man als Treibmittel zum Backen, aber was hat das mit dem Wald zu tun? Sie wurde früher aus Holzasche gewonnen. Sogenannte Aschenbrenner dampften die Lauge dafür in eisernen Gefäßen ein, den »Pötten«. Die Lauge kristallisierte beim Erkalten und wurde durch erneutes Erhitzen entwässert. Das ergab dann die Pottasche. Um einen Zentner Pottasche für die Glasherstellung zu gewinnen, wurde etwa ein Kubikmeter Holz benötigt – was erklärt, warum in Deutschland so viele Wälder verschwanden.

Q
wie Quelle

Gemeint ist ein Ort, an dem das Grundwasser an die Oberfläche fließt. Oft wird das Wasser zu einem Bach, dann zu einem Fluss, der später ins Meer mündet. Von dort verdunstet das Wasser, Wolken steigen auf, daraus wird Regen, der Regen fällt zu Boden und so geht es munter weiter, ein ewiger Kreislauf. Wasser und Sonne, der Quell allen Lebens.

r

wie Rückepferde

»Auf dem Rücken der Pferde liegt das Glück der Erde«, heißt es – und auf kaum etwas trifft es mehr zu als auf Rückepferde. Sie werden so genannt, weil sie zum Verrücken von Holz eingesetzt werden, sie ziehen Baumstämme, die vom Förster geschlagen wurden, aus dem Wald heraus. Im Gegensatz zu schweren Maschinen bleibt beim Einsatz der Pferde der Waldboden unbeschädigt, außerdem können die Tiere elegant in die entlegensten Winkel gelangen.

S

wie Strohfiedel ...

… ist ein Wort, das man viel zu selten benutzt. Es klingt nach Schabernack und guter Laune – und so ganz falsch ist das nicht. Die Töne, die man dem Instrument entlocken kann, sind zauberhaft, sie klingen, als würde jemand lachen. Optisch erinnert die Strohfiedel mit ihren zu einer Pyramide aufgereihten Holzarmen an eine Balkonblumenhalterung und genau genommen ist sie eine Unterart des Xylophons. Die Querstreben bestehen aus Tannenholz – man könnte auch sagen, mit der Strohfiedel bringt man den Wald zum Klingen.

T

wie Trimm-dich-Pfad

Lange, bevor Pilates und Yoga zum Volkssport wurden, machte der Trimm-dich-Pfad von sich reden, man nannte ihn auch »Schweißtropfenbahn«. Die Idee stammte aus Skandinavien. In den 1970ern wurden die Waldsportpfade auch in Deutschland populär, der Deutsche Sportbund hatte damals eine groß angelegte Werbeaktion unter dem Motto »Trimm dich – durch Sport« gestartet. Die Wälder avancierten daraufhin zum Open-Air-Gym. Mit der Zeit kam die Bewegung in die Jahre, heute genießt man im Wald eher wieder die Ruhe.

u

WIE UHU

Einmal hin, einmal her, rundherum, das ist nicht schwer – auch wenn der Uhu eine komplette Drehung des Kopfes nicht schafft, er ist nahe dran. Zwar kann er seine Augen nicht bewegen, dafür aber seinen Kopf um 270 Grad. Der Uhu ist ein Nachtvogel, kurz nach Sonnenuntergang bricht er zu seinen Jagdzügen auf, tagsüber schläft er in Baumkronen oder geschützt im Dickicht. Er ist nicht nur der größte unter den Nachtvögeln, er kann auch sehr alt werden: Den Rekord hält ein Uhu, der 68 Jahre alt wurde.

ʋ

wie Vogelbeere

Die Eberesche heißt im Volksmund Vogelbeere, weil sie – es liegt auf der Hand – mit Vorliebe von Vögeln verzehrt wird, aber auch Fuchs und Dachs langen gern zu. Die roten Beeren schmecken zwar sauer und bitter, sind aber entgegen der landläufigen Meinung nicht giftig. Sie enthalten Vitamin C und Sorbit, das Diabetikern als Zuckerersatz dient, und wer sie probieren mag, kocht sie am besten mit Äpfeln und Zucker ein. Wie bei der Schlehe empfiehlt es sich dabei, den ersten Frost abzuwarten. Oder man entscheidet sich für die Früchte der Mährischen Eberesche: Die Beeren sind größer und fast frei von Bitterstoffen.

W

wie Wood Wide Web

War man bislang davon ausgegangen, dass Bäume stumme Vertreter dieses Planeten seien, änderte sich in den vergangenen Jahren die Auffassung. Forscher fanden heraus, dass Bäume miteinander in Verbindung stehen: Sie kommunizieren über ihre Wurzeln, auf diese Weise steht quasi ein ganzer Wald miteinander in Verbindung. Man spricht deshalb auch vom »Wood Wide Web«, angelehnt an »World Wide Web«, weltweites Netz oder kurz WWW.

X

wie Xylopola

Der Welt ist voll verrückter Namen – und dazu gehört Xylopola. Was nach einem Instrument klingt, meint in Wirklichkeit jemanden, der mit Holz oder Holzerzeugnissen handelt. Der berühmteste Holzhändler der Welt dürfte wohl Ali Baba aus dem Märchen »Ali Baba und die 40 Räuber« sein. In der Geschichte geht es um einen verborgenen Schatz, Ali Baba steht dabei für das Gute in der Welt – seine Bescheidenheit wird am Ende über die Gier siegen

y

WIE YGGDRASIL …

… ist in der nordischen Mythologie der Name einer Esche, unter der die Götter Recht sprachen – nach dem Glauben der Germanen stützt die Weltesche das Universum. Sie ist ein riesiger, immergrüner Baum, der die Reiche der Menschen, Götter, Riesen und Zwerge umspannt. Bei den Indianern Nordamerikas dagegen erzählte man sich, dass der Schöpfungsgott einen Pfeil in eine Esche schoss, aus dem der erste Mensch entstand. Die Gemeine Esche ist eher von bescheidener Natur, auch wenn sie zu den höchsten mitteleuropäischen Laubbäumen gehört. Sie wächst ganz aufrecht, so, als wollte sie den Himmel berühren.

Z

wie Zaunkönig

Er ist mit seinen gerade mal neun Zentimetern einer der kleinsten heimischen Vögel und dennoch hat er es schon dreimal zum Titel »Vogel des Jahres« gebracht. Und noch aus anderen Gründen ist er populär: Wenn sich jemand »wie ein Schneekönig freut«, ist eigentlich nicht der Schneekönig, sondern der Zaunkönig gemeint. Denn im Gegensatz zu anderen Arten zieht der Piepmatz nicht in den Süden, tapfer hält er trotz Schnee und Kälte die Stellung und hin und wieder hüpft er dann durch die Gärten, so, als würde er sich freuen – wie ein Schneekönig.

Karelien

Levi

Stolberget

Schottische Highlands

Wer Schottland allein mit Gras- und Weideland assoziiert, irrt. In den Wäldern um Loch Sunart auf der Halbinsel Ardnamurchan im Westen gibt es die höchste Konzentration an atlantischen Eichenwäldern. Ein Großteil davon steht unter Naturschutz.

+++

Die Deutschen mögen den Weihnachtsbaum erfunden haben, angepflanzt aber wird er vor allem in Dänemark. Dort wachsen auf riesigen Plantagen drei Viertel der in Deutschland aufgestellten Christbäume.

+++

Der Sarek-Nationalpark in Lappland ist der älteste Nationalpark Schwedens und wird als die »letzte Wildnis Europas« bezeichnet. Er gehört gemeinsam mit weiteren Nationalparks Schwedens zum Weltnaturerbe der UNESCO.

+++

Der nördlichste Wald der Welt ist der Jansvannskogen in Norwegen nahe Hammerfest, der nördlichsten Stadt Europas.

Nordische Wälder

Traum in windzerzaust

Fulufjäll

Hedmark

Nordjütland

Öland

Karelien – Finnland

WÄLDER, SEEN UND
Einsamkeit

➥ Elche, Sauna, Seen – das kommt einem sofort in den Sinn, wenn man an Finnland denkt. Doch neben den etwa 180 000 Seen dominiert der schier unendliche Wald den äußersten europäischen Norden. Die Finnen bezeichnen ihn gern als »grünes Gold«, da er ihnen als Nutzwald zum Wohlstand verhalf. Aber es etablierten sich auch zahllose Waldnationalparks und -schutzgebiete; grüne Korridore mit einer außergewöhnlichen Artenvielfalt.

Ein Mosaik aus
Blau- und Grüntönen ...

Von Michael Lechner

Aus der Luft betrachtet,
ähnelt Finnland einem bizarren Mosaik aus den verschiedensten Blau- und Grüntönen der Seen und Wälder. Selbst die Inseln sind meist bewaldet. Die Dimension dieser Verbindung aus Wasser und Holz wurde mir erstmals auf den Erhebungen des Koli-Nationalparks in Karelien bewusst. Während ich an den Ufern der malerischen Seen fotografierte, achtete ich vor allem auf die Komposition der Aufnahmen: Der Rahmen des Bildes war meist der Horizont – und gleichbedeutend mit dem Wald. Doch auf dem gerade mal 347 Meter hohen Berg Ukko-Koli wurden mir dann zwei Dinge deutlich. Ich bemerkte mit großer Freude, dass auf exponierten Höhen die lästigen und allgegenwärti-

> Ich genieße es, den Vogel–
> stimmen und dem Hämmern
> der Spechte zu lauschen.

gen Mücken und Moskitos weitaus erträglicher sind. Zum anderen hatte ich einen freien und ungehinderten Blick über das Land. Mir stockte förmlich der Atem angesichts der Weite dieses Mosaiks.

Neben der Stille und Einsamkeit der nordischen Kiefern-, Fichten- und Birkenwälder reizt mich die Begegnung mit den typischen Bewohnern des Waldes. Ganz gleich, zu welcher Jahreszeit, die Wälder Finnlands geizen nicht mit ihrer Tier- und Pflanzenwelt.

In Karelien und im nördlich gelegenen Kainu-Land entlang der finnisch-russischen Grenze gibt es eine Vielzahl an Möglichkeiten, Wolf, Bär, Vielfraß, Auerhahn oder dem seltenen, wilden Waldrentier auf die Spur zu kommen. Ein unvergessenes Erlebnis war das Ansitzen zur Birkhahnbalz Anfang Mai inmitten einer archaischen Sumpflandschaft, umgeben von einem intakten Mischwald. Auf das ritualisierte Balzen der Hähne folgte das Verharren eines Seeadlers auf einem toten Baum. Nur kurze Zeit später erschien zu meiner Rechten ein stattlicher Braunbär, während zu meiner Linken wie aus dem Nichts ein Wolfspärchen die Lage am Waldrand erkundete. Der Traum aller Natur- und Tierfotografen! Bei meinen Wanderungen, ganz gleich ob im Koli-, Patvinsuo- oder Linnansaari-Nationalpark, war es außerdem immer ein besonderes Erlebnis, über den moosbewachsenen Boden inmitten der flechtenbehangenen Bäume zu wandeln. Ich genieße es, auf diesen Spaziergängen den Vogelstimmen und dem Hämmern der Spechte zu lauschen.

Am liebsten reise ich im Frühjahr, Herbst (im Finnischen als *rukka* bezeichnet) und natürlich im Hochwinter (*tykka*) nach Finnland. Anfang Mai erwacht in weiten Teilen des Landes das Leben: Die Zugvögel kehren in ihre angestammten Gebiete zurück, die Rauhfußhühner gehen ihrer Balz nach und die Braunbären wachen aus ihrem Winterschlaf auf und kommen aus ihren Höhlen zum Vorschein. Im September zeigen sich die Wälder Finnlands bunt und farbenfroh. Auch bei minus 30 Grad und meterhohem Schnee scheinen sie nur darauf zu warten, mit Skiern oder Schneeschuhen durchwandert zu werden. Mit etwas Glück kann man das nordische Himmelsphänomen erleben – das grandiose Nordlicht!

Ein Jahr ohne mindestens eine Reise in den Norden ist für mich ein verlorenes Jahr. Beim nächsten Mal würde ich gern zwei weitere typische Waldbewohner entdecken und fotografieren – Bartkauz und Schwarzspecht. ◄━

links Im Herbst sprießen nicht nur die Stein- und Birkenpilze überall aus dem feuchten Waldboden, sondern auch der fotogene Fliegenpilz.
Mitte oben Panoramablick über die endlose finnische Taiga vom Paha-Koli im gleichnamigen Nationalpark.
Mitte unten Wie stille Beobachter wirken die Birken aus der Froschperspektive an den Ufern des Pielinen-Sees.
oben Selbst ausgewachsene Wolfsrüden meiden offene Flächen und halten sich am liebsten im Wald oder an dessen Rand auf. Die Aufnahme entstand im ehemaligen Niemandsland an der finnisch-russischen Grenze.

VON SELTENEN TIEREN UND KULINARISCHEN HÖHEPUNKTEN

3 × FINNENWUNDER

FINNLANDS »BIG FOUR«: Besuch des Petola Visitor Center nahe der Stadt Kuhmo. Hier erfährt man mehr über Finnlands »big four«. Die permanente Ausstellung widmet sich intensiv allen Aspekten der vier großen Räuber in finnischen Wäldern: Bär, Wolf, Luchs und Vielfraß. Bei meinem letzten Besuch gab es außerdem eine Fotoausstellung zum bedrohten, wilden Waldrentier vom bekannten finnischen Naturfotografen Antti Leinonen.

RINGELROBBENTOUR: Ausgedehnte Bootstour auf dem Saimaa-See im Südosten des Landes. Der größte See Finnlands ist ein Labyrinth aus Buchten, Kanälen und Inseln. Von Oravi aus starten Touren, um die äußerst seltene Saimaa-Ringelrobbe zu beobachten. Sollten Sie die scheuen Tiere nicht zu Gesicht bekommen, können Sie auf jeden Fall Fischadler beim Jagen oder hoch oben im Horst bestaunen.

TYPISCH FINNISCH: Nehmen Sie nach einem Besuch im hohen Norden auf jeden Fall auch etwas typisch Finnisches mit. Es muss ja nicht immer der berühmte Finnendolch sein. Sehr empfehlenswert sind Produkte aus getrocknetem Rentierfleisch, kulinarische Höhenflüge erlebt man mit der lakka oder Multbeere. Diese charakteristische Sumpfbrombeere wird zu Marmelade, Sirup oder Likör verarbeitet. Achtung – Suchtgefahr!

Schottische Highlands – Großbritannien

SCHOTTISCHE
Herbstklänge

➥ Wenn das Wetter alle fünf Minuten seine Laune ändert und die ohnehin schon dramatische Landschaft so richtig in Szene setzt. Wenn der rauchige Geschmack des Whiskys sein Gegenstück im lodernden Kaminfeuer findet. Und wenn die Natur noch einmal alle Register zieht und unerschrockenen Reisenden ein Farbspiel der Extraklasse liefert. Dann ist es Zeit. Zeit für Schottland im Herbst!

Von Kerstin Beck

Warum sollte ich einen Wald

von Hand besäen, wenn ich das Ganze auch viel effektiver und spaßiger gestalten
kann?, dachte sich der dritte Duke von Atholl und schoss die Baumsamen mit einer
Kanone über sein Gelände. So zumindest die Legende. Ob geflunkert oder nicht, sicher
ist, dass im 18. Jahrhundert die Entscheidung fiel, in der kleinen Gemeinde Dunkeld in
den schottischen Highlands einen Wald anzulegen. »The Hermitage« wurde das Gelände
getauft. Neugierig, wie so ein mithilfe von einer Kanone geschaffener Wald wohl aus-
sehen mag, lasse ich meinen Mietwagen am Parkplatz stehen und mache mich zu Fuß auf
den Braan Walk.

    Tief hängen die Äste über den Weg und bilden mit ihren goldgelben Blättern einen
natürlichen Tunnel. Rostrot gefärbtes Laub raschelt unter meinen Füßen und zu meiner
Linken rauscht der Fluss Braan. Bald treffe ich auf eine verwitterte und mit Moos über-
zogene Steinbrücke, die den Fluss an dieser Stelle überspannt. Ich folge dem dröhnen-
den Geräusch von fallendem Wasser und betrete die Brücke. Dort staune ich über den
Anblick, der sich mir bietet: Rechts über mir thront ein steinerner Pavillon mit Spitzdach
und Balkon, der über einen weiß schäumenden, mächtigen Wasserfall blickt. Als wäre das
nicht schon spektakulär genug, wird die Szene von Bäumen eingerahmt, die sich zur Feier

Ein Fest
für die Sinne

Der beste Maler ist immer noch die Natur.

der goldenen Jahreszeit in ihr schönstes Kleid geworfen haben. Kirschrot, orange, gelb und ockerfarben leuchten sie um die Wette. Ich bin baff und lasse mir Zeit, das Ganze in mich aufzunehmen. Mein Fazit: Der Duke hat mit seiner Kanone ganze Arbeit geleistet! Kein Baum gleicht dem anderen. Ein wahrer Indian Summer – und das in Schottland!

Entzückt schlendere ich weiter zum Pavillon und erfahre, dass er Ossian's Hall heißt, benannt nach einem blinden Barden. Ursprünglich wurde er von einer Spiegelhalle geschmückt, die die Illusion erweckte, von Wasser umringt zu sein. Da sie leider 1869 Vandalen zum Opfer fiel, muss ich mich mit der – zugegebenermaßen wirklich tröstenden – Aussicht vom Balkon des Pavillons zufriedengeben. Ist es nicht wunderbar, dass sich in Schottland um jeden Ort eine Legende zu ranken scheint? Je abstruser, desto besser, finde ich.

Schließlich folge ich dem schmalen Waldweg am Flussufer entlang. Immer wieder bleibe ich stehen und beobachte das kecke Spiel des Wassers um die moosbedeckten Steine. Über mir flattern die herbstlich gefärbten Blätter im sanften Wind und der Geruch von nassem Laub und Erde umgibt mich. Wieder einmal denke ich, dass man bestimmte Momente anhalten und in einem Einmachglas konservieren können müsste. Dieser ist einer davon.

Meine Wanderung führt mich aus dem Wald heraus auf eine freie Fläche. Sanft geschwungene Hügel umgeben mich, hier und da von Wald gesäumt. In der Ferne erblicke ich ein verträumtes, von Efeu überranktes Cottage, dessen Schornstein dünne

Rauchschwaden in den bedrohlich verfärbten Himmel spuckt. Vertieft in das Farbspiel des Waldes habe ich gar nicht gemerkt, dass dunkle Wolken aufgezogen sind. Einen Moment lang stelle ich mir vor, dass dieses Cottage mein Zuhause wäre. Wie ich mich mit einer Tasse heißen Tee und ein paar *Scones* mit Erdbeermarmelade und *clotted cream* vor den wärmenden Kamin kuschele. Bis das entfernte Grollen des Donners mich aus meinem Tagtraum reißt und dazu ermahnt, mich schleunigst auf den Rückweg zu machen. ◀◀

links Wie ein goldfarbener Tunnel neigen sich die Äste der Bäume über den Weg.
Mitte Wer träumt nicht von gemütlichen Stunden in einem Cottage mit warmen Scones, Erdbeermarmelade und clotted cream?

3 × EAT, TASTE & SLEEP

EAT: Wann immer ich in Großbritannien bin, gönne ich mir mindestens einmal einen sogenannten *cream tea* mit Schwarztee, warmen <u>Scones</u>, fruchtiger Erdbeermarmelade und *clotted cream*. Ihren Ursprung haben die *Scones* übrigens in Schottland und nicht, wie oft vermutet, in England. Zum Abendessen probiere ich mich gerne durch die verschiedenen herzhaften <u>Pies</u>, mit teilweise klangvollen Namen wie *Fishermans Pie* (mit Fisch) und *Cottage Pie* (mit Hackfleisch). Ursprünglich bezeichnete ein *Pie* ein von einem Teigmantel umhülltes Gericht. Der Teig war dabei nicht in erster Linie zum Verzehr gedacht, sondern diente als Aufbewahrungshülle in Zeiten, als es noch keinen Kühlschrank gab. Heute ist die Definition von *Pie* weiter gefasst und umfasst auch Aufläufe, die überhaupt keinen Teig beinhalten.

TASTE: Es gibt wohl kein Produkt, das die Essenz Schottlands so widerspiegelt wie der <u>Whisky</u>. Was viele nicht wissen: Je nach Region und Herstellungsweise kann der Scotch Whisky würzig, salzig, fruchtig, malzig-süß, rauchig oder gar cremig schmecken. Der Besuch einer Distillerie samt Whisky-Probe gehört deshalb zum Pflichtprogramm einer Schottlandreise.

SLEEP: Für alle Naturliebhaber, die ein wenig Komfort schätzen, ist <u>Glamping</u> (glamouröses Camping) genau das Richtige. In Drumnadrochit am berühmt-berüchtigten Loch Ness hat man die Möglichkeit in sogenannten Armadillas, kompakten aber urgemütlichen Holzhütten, mitten im Grünen zu übernachten. Ein ganz besonderes Erlebnis! Vor allem, wenn man am nächsten Morgen vom Frühstücksservice geweckt wird …

Öland – Schweden

AUF DEN SPUREN
DER *TROLLE*

➻ Eine besondere Insel hat es trotz ihrer überwältigenden Schönheit geschafft, außerhalb des Landes relativ unbekannt zu bleiben. Öland versteckt sich zwischen dem schwedischen Festland und ihrer großen Schwester Gotland. Es ranken sich viele Sagen um das kleine Eiland und einer davon begegnet man an einem ganz speziellen Ort: dem Zauberwald Trollskogen.

Von Ute Kranz

Mit ihrer geringen Größe

und einem eher bescheidenen Auftreten wird Öland zu Recht mit den meisten Sonnenstunden des Landes belohnt. Diese verlockende Gegebenheit hat auch die schwedische Königsfamilie dazu veranlasst, ihren prächtigen Sommersitz hierher zu verlegen – die Insel wird daher gern »Königsinsel« genannt. Mir war sie bis zu dem Moment, an dem ich zu meiner Linken auf eine unendlich lang erscheinende Brücke stoße, völlig unbekannt. Irgendetwas in mir lässt die Finger wie ferngesteuert den Blinker betätigen und schon befinde ich mich auf der vierspurigen Straße, die mich einige Kilometer über die Ostsee trägt.

Am nächsten Tag werde ich gleich mit der ersten Sage vertraut gemacht: Öland soll durch einen riesigen Schmetterling entstanden sein, der während eines Sturms seine silberglänzenden Flügel verlor. Er fiel ins Meer und daraus entstand diese längliche, sehr schmale Insel. Obwohl man das kleine, schwedische Paradies in knapp fünf Stunden mit dem Auto umrunden könnte, nehme ich mir viel Zeit. Es zieht mich in den Norden. Eine friedliche Heidelandschaft begleitet mich bis zu dem Moment, in dem ich das Naturreservat Böda erreiche. Dichte Wälder mit hohen Nadelbäumen werden durch die schmale Landstraße voneinander getrennt, über die ich zu einem unscheinbaren Parkplatz gelange.

Der Zauberwald war nun nicht mehr weit und ich musste mir eingestehen, ein wenig aufgeregt zu sein. Von wundersamen Bäumen war die Rede und von Trollen, die in diesem Kiefernwald ihr Unwesen treiben. Laut Beschreibung am Eingang des Waldes bemerken sie uns wesentlich früher als wir sie, weshalb man sie selten zu Gesicht bekommt. Einzig die Tatsache, dass sie sich nie waschen und dadurch etwas müffeln, gibt uns die Möglichkeit, ihre Anwesenheit festzustellen. Wenn es also an einer Stelle irgendwo im Wald schlecht riechen sollte, könne man sicher sein:

Es heißt, in diesem wundersamen
Wald leben Trolle und Kobolde.

Hier war oder ist einer in unmittelbarer Nähe! Ich entscheide mich für den längsten der drei möglichen Pfade. Eine unheimliche Stille umgibt mich zwischen den riesigen Bäumen, die meine Sinne auf die Wahrnehmung eines übersinnlichen Geräuschs oder Geruchs auf das Höchstmaß schärft. Zu meiner Rechten blinzelt immer mal wieder das blaue Meer und der wolkenlosen Himmel durch das Dickicht. Unerwartet stoße ich auf die ungewöhnliche, 900 Jahre alte Trolleiche, die man sich mit ihrer schrumpeligen Optik wahrlich als passenden Unterschlupf für Kobolde vorstellen kann.

Und dann wird der Wald plötzlich heller und ein Feld wild geschwungener Bäume breitet sich vor meinen Augen aus. Warum die Natur genau an dieser Stelle wohl eine derart kreative Ausnahme gemacht hat? Das wird wohl ein Geheimnis bleiben. Man ist völlig allein und doch kann man sich nicht sicher sein, ob es nicht doch diese geheimen Wesen gibt, die einem vielleicht gerade jetzt irgendwo versteckt hinter einem Baum beobachten. In der Ferne sehe ich ein verrottetes Schiffswrack am Strand liegen. Wenige Minuten später an der Inselspitze ein einsames Haus, versteckt in einem verwunschenen Garten. Die runden Kiesel-

steine im Meer sind von grünem Moos bedeckt, das sich rhythmisch mit der Strömung im Wasser bewegt. Ein unglaublicher Ort!

Der mehrstündige Rückweg zum Parkplatz gestaltet sich als überraschend beschwerlich. Ein paarmal verlaufe ich mich trotz roter Markierungen. In meiner Fantasie schwirren kichernde Feen um mich herum, die mich absichtlich in die Irre führen und sich köstlich darüber amüsieren. Vielleicht ist es gar nicht der »Zauber«, den wir mit diesem Wort klassisch verbinden. Vielleicht hat dieser Wald diesen besonderen Zauber, der unsere Fantasie anregt, unseren Verstand aushebelt und uns in eine Welt führt, in der man sich einfach fallen lassen und träumen kann. ◀

vorige Seite Geschlängelte
Wege führen durch die kerzengeraden Nadelwälder.
links u. Mitte Schon einen Troll
gesichtet? Bizarr geschwungene Kiefern prägen den
Zauberwald an der Nord-
spitze des Naturreservats.
rechts oben Auf dem Weg zum
Sonnenuntergang umringt
von wilder Natur.
rechts unten Ein 20 Kilometer
langer Sandstrand lädt zum
Baden ein.

3 × GOOD TO KNOW

NATUR ENTDECKEN: Auf der nordwestlichen Seite Ölands, etwa sieben Kilometer von Löttorp entfernt, sind die sogenannten Rauken von Byrum unbedingt
einen Ausflug wert. Vor über hundert Millionen Jahren hat sich Kalkschlamm
in Kalkstein gewandelt und diese außergewöhnlichen Hügel am Meeresufer
gebildet. Die Rauken sind von hübschen Holzhäusern umgeben und über eine
etwas holprige Sandstraße leicht zu erreichen.

CAMPEN: Die Insel ist ein beliebtes Ziel für Campingreisende und daher ein Paradies für Naturliebhaber. Außerhalb der schwedischen Schulferien kann man
immer in Strandnähe übernachten und wunderschöne Sonnenuntergänge
genießen. Alle Campingplätze verfügen auch über moderne Blockhütten. Der
nächstgelegene Campingplatz vom Trollskogen ist Kronocamping Böda Sand
mit einem 20 Kilometer langen Sandstrand.

WINDMÜHLEN UND MEHR: Um allen Besonderheiten der Insel – und dazu den Mythen und Legenden – auf den Grund zu gehen, sollte man sich mindestens eine
Woche Zeit nehmen. Besonders sehenswert sind die historischen Windmühlen
von Lerkaka aus dem 19. Jahrhundert, Eketorps Burg, die Steinkreise bei Gett-
linge, das Vogelreservat Ottenby im Süden und natürlich Schloss Soliden, die
Sommerresidenz der Königsfamilie.

ZEHN FRAGEN AN ...

„ Der Wald ist ein Stück HEIMAT geworden

... die Märchen-erzählerin

SONJA CHRISTINE TRUHN aus Schleswig-Holstein entführt ihre Zuhörer in den Wald. Wer ihren Märchen und Geschichten lauscht, lernt die Welt auf neue Weise kennen. Danach ist nichts mehr wie vorher.

1. Es war einmal ...
Was verbinden Sie mit dem Satz?

Für mich ist er eine magische Formel, eine Art Eintrittskarte in eine tiefere Wirklichkeit, in einen Raum der Ruhe und der inneren Einkehr.

2. Was bedeuten Ihnen Märchen?

Wenn ich heute ein Märchen erzähle, finde ich mich selbst darin wieder. Ein Märchen kann wie eine heilsame Salbe auf den Wunden der Seele sein. Ich hatte das große Geschenk, dass mein Vater ein begeisterter Geschichtenerfinder und Erzähler war. Dadurch war für mich das spontane Erzählen ohne Buch immer etwas Selbstverständliches.

3. Sie erzählen Geschichten in der Natur – was geht draußen besser als in der warmen Stube?

Die Zuhörer können mit mir ganz real durch die Orte der Geschichten wandern. Dadurch entsteht eine tiefe Naturverbindung. Ich und die Natur erzählen quasi gemeinsam.

4. Was passiert dabei genau?

Ich erlebe zum Beispiel immer wieder, dass Kinder, denen der Wald bislang fremd war oder die vorher wild mit Stöcken auf Bäume und Blumen eingeschlagen hatten, nach dem Erzählen der ersten Naturgeschichte plötzlich wie verwandelt sind: Sie sitzen entspannt da, strahlen und wollen auch nach zwei Stunden am liebsten gar nicht wieder nach Hause. Der Wald ist in der kurzen Zeit für sie ein Stück Heimat geworden.

5. Was können Märchen, was andere Dinge nicht vermögen?

Ein gut erzähltes Märchen ist pure Wahrheit, das Jetzt wird im Moment des Erzählens auf einer anderen Ebene Wirklichkeit. Das Wort Märchen soll übrigens vom mittelhochdeutschen Wort maere abstammen, was so viel wie Kunde oder Botschaft bedeutet.

6. Märchen als Ratgeber für das Leben?

Märchen bestärken uns darin, auch im Alltag spontan zu sein, auf unser Herz zu hören und bei Entscheidungen unserer Intuition mehr zu ver-

trauen als dem Verstand. Sie lehren uns, Dinge fröhlich anzupacken, aber auch realistisch genug zu sein, um uns selbst und unsere Fähigkeiten nicht zu überschätzen.

7. Was haben Sie von den Märchen gelernt?

Ich weiß noch, wie spannend ich als Kind den Moment fand, als Dornröschen oben in der Spinnstube bei dem alten Weib war und sich an der Spindel stach. Ich habe diese alte Frau nicht als böse erlebt, vielmehr musste es so kommen. Es war erstaunlich und befremdlich, dass die Königseltern ihre Tochter an ihrem Geburtstag so ganz allein gelassen hatten oder dass ein König nur zwölf Teller hat und keine dreizehn. Ich lernte: Wenn du etwas in deinem Inneren ausklammerst, zum Beispiel die dreizehnte Fee, also deine eigene Schattenseite, dann kehrt es durch das Schicksal zu dir zurück, in diesem Fall als hundertjähriger Schlaf.

8. Wann ist der richtige Zeitpunkt, sich mit einem Märchenbuch in den Wald zu setzen?

Ich gehe immer ohne Buch in den Wald, weil ich lieber der Natur zuhören möchte. Aber der Wald produziert tatsächlich auch selbst Bücher aus Holz. Neulich fand ich zum Beispiel ein Holzstück, das genau wie ein aufgeschlagenes Buch aussah.

9. Was kann man aus Ihren Naturgeschichten lernen?

Bei meinen Erzählspaziergängen erleben die Zuhörer die Natur auf zauberhafte Weise, gleichzeitig lernen sie ganz nebenbei einige Eigenarten näher kennen, warum beispielsweise eine Birke eine weiße Rinde hat und sie sich gut zum Feuermachen eignet. Sie lernen mit allen Sinnen.

10. Welches ist Ihr Lieblingsmärchen?

Das ist schwer zu sagen, aber eines der Märchen aus der Sammlung der Brüder Grimm, was ich immer wieder neu erzähle, ist das Märchen von der Bienenkönigin. Es ist für Kinder einfach zu verstehen, aber die tiefere Botschaft dahinter ist auch für jeden Erwachsenen eine Herausforderung. Vordergründig geht es darum, den Tieren achtsam zu begegnen; hintergründig gibt es die Botschaft, uns selbst mit allen Gefühlen und Persönlichkeitsanteilen so anzunehmen und zu lieben, wie wir sind.

Levi – Finnisch-Lappland

ZEN IM
SCHNEE

➡ Schneemangel ist im finnischen Sirrka ein Fremdwort. Bereits
ab Ende Oktober verwandeln dort die ersten Flocken die waldreiche
Fjäll-Landschaft Lapplands, 170 Kilometer nördlich des Polarkreises,
für sechs Monate in Finnlands größte Spielwiese im Schnee: Levi.

Von Hilke Maunder

Zwei Spuren im Schnee, sauber gezogen, schön parallel. Geschwind, locker und leicht sausen die Langläufer durch den tief verschneiten Wald, entschwinden am Horizont. Meine Ski hingegen entwickeln ein Eigenleben. Will ich vorwärts, ziehen sie mich seitwärts in den Spagat. Gelingen mir zwei gleitende Schritte nach vorne, rutsche ich einen zurück. Schweiß dringt aus den Poren – und friert zu Perlen auf der Haut.

Langlauf ist wie Zen. Finnisches Zen, denn die Loipe verläuft mitten durch die einsamen Wälder am Levi-Fjäll, einer 531 Meter hohen Granitkuppe unter meterdickem Schnee. Knapp 1000 Kilometer von Helsinki erstreckt sich hier zwischen Fjällbergen und zahlreichen Seen ein Loipennetz, das scheinbar niemals endet. Immer wieder gibt es Verbindungen – quer durch ganz Lappland könnte man hier laufen, über offene Hochebenen, gefrorene Sümpfe, mäandrierende Flüsse, dichte Fichtenwälder.

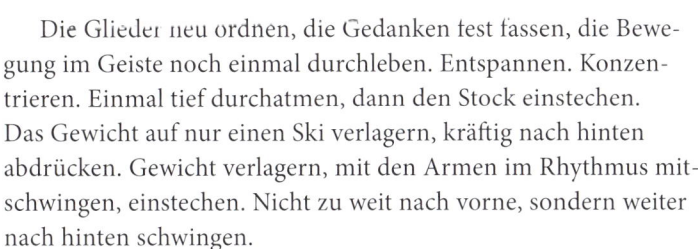

{ *Ein Himmel wie Feuer* }

ÜBER LAPPLANDS FJÄLLS

Die Glieder neu ordnen, die Gedanken fest fassen, die Bewegung im Geiste noch einmal durchleben. Entspannen. Konzentrieren. Einmal tief durchatmen, dann den Stock einstechen. Das Gewicht auf nur einen Ski verlagern, kräftig nach hinten abdrücken. Gewicht verlagern, mit den Armen im Rhythmus mitschwingen, einstechen. Nicht zu weit nach vorne, sondern weiter nach hinten schwingen.

Gleiten durch Stille. Nach 40 Minuten ist der dünne Skianzug klatschnass, die erste Übungsschleife geschafft: drei Kilometer, drei Stürze. Die dritte Runde gelingt ohne Schneekontakt in persönlicher Bestzeit: schnelle 20 Minuten.

Längst ist es Mittag. Auf einer Lichtung steigt Rauch aus einer *Kota*, einem großen Zelt aus grünem Tuch. Im Kessel köchelt heiße Suppe mit geräuchertem Rentierfleisch. In Holztassen, handgeschnitzt mit zwei Grifflöchern für die Finger, dampft Kaffee, auf einem Tablett liegen »Ohrpfeifen«, süße Hefeteilchen mit Zimt. Satt und warm könnte ich mich hier auf dem Rentierfell langlegen ... »Ihr müsst los!«, unterbricht der Wirt, »es ist schon gleich drei!« Und Zeit für die »Blaue Stunde«. In der trockenen Kälte

Nichts als Wald ringsum – kilometerweit.

von minus 20 Grad ist sie ein einziger Farbenrausch. *Kaamos* nennen die Finnen die einzigartige Mischung aus Dunkelheit und Zwielicht, die 60 Tage lang im November und Dezember nachmittags das Land zum Leuchten bringt: erst golden, dann pink, türkis, bis zwei schmale Streifen in Orange und Grün das dunkle Land vom schwarzblauen Himmel trennen. Die Dämmerung: ein stundenlanges Spektakel, das ich auf keinen Fall verpassen will!

Ab fünf Uhr abends leuchten die Sterne am Firmament. Nordlichter flackern. Am Horizont wandert eine Lichterkette den Himmel hinauf – Flutlicht für die Alpin-Pisten des Levi-Fjälls, die Finnlands einzige Gondel erschließt. Auf der Weltcup-Piste mit 52 Prozent Gefälle stürzt sich die Ski-Elite hinab ins Tal: So steile Hänge sind selbst in den kanadischen Rockies nicht zu finden. Seichte, geschützte Familienabfahrten säumen den Südhang; langgezogene Tempoabfahrten finde ich am Osthang. Die Pisten am Nordhang führen direkt zurück ins Herz von Levi, wo nachmittags um vier das Après-Ski mit Livekonzerten beginnt – selbst kleinste Kinder sind ganz selbstverständlich mit dabei.

Mich hat der Tag im Winterwald so verzaubert, dass ich den Trubel meide und im Flutlicht durch das jetzt völlig einsame Weiß gleite. Schneehühner, so hell, dass nur ihr schwarzer Schnabel sie verrät, kreuzen auf einer Lichtung meinen Weg. Plötzlich kommen zehn, zwölf Rentiere aus dem Wald heraus. Ich halte, schaue und staune. Frei und ungebunden ziehen rund 300 000 Rentiere so in Lappland umher. Nur die Brandmale im Ohr verraten, dass sie nicht wild sind. ◄◄

links Finnen-Traum: Fast jeder hat eine einsame Hütte im Wald.
Mitte Romantisch: Winterwandern auf der Kuppe des Levi-Fjälls.
rechts Nostalgisch: Taivaanvalkeat – Hofleben wie bei den Urgroßeltern.

3 × DIE SAMEN HAUTNAH

KOIRAVALJAKOT: So nennen die Finnen ihre Hundeschlitten. Reijo Jääskelainen holte seine Huskys persönlich aus Alaska nach Levi. Vier bis sechs Hunde ziehen ein Gespann, nicht langsam, aber langsam genug, um – eingemummelt in Rentierfellen – den grandiosen Wald ringsum in allen Nuancen wahrzunehmen. »Raah!«, ruft Reijo, »raah!« Die Hunde sprinten los.

JOULUPUKKI: Die Werkstatt des Weihnachtsmanns liegt in Luosto. Mitten im Wald, umgeben von Rentieren, erhebt sich sein Zelt. Mit rotem Mantel und Rauschebart lädt er ein, sich im Innern seiner *Kota* am Lagerfeuer aufzuwärmen. Während er den Kaffee in handgeschnitzte Holztassen schenkt, erzählt »Santa Claus« von seinem Hauptberuf: Er ist Rentierzüchter.

REIDAR SÄRESTÖNIEMI: Direkt an Ounasjöki-Fluss liegt das Kunstmuseum von Kaukonen – Wohnhaus und Werkstatt des 1987 verstorbenen Malers Reidar Särestöniemi. Nicht nur Kunst, sondern auch Kammermusik machte das Atelier des »Alchemisten der Farben« landesweit berühmt. Hier gastieren internationale Musikstars wie Vladimir Ashkenazy – und spielen ohne Gage.

Hedmark – Norwegen

DER WIPFEL DER
Gemütlichkeit

➥ Wer Ruhe sucht, findet sie in den weiten Wäldern der Hedmark.
Besonders wahrnehmbar ist die Stille in der dunklen Winterzeit, wenn
sich die weiße Pracht wie eine Decke meterdick über die Waldlandschaft
Norwegens legt. 150 Tage Schnee im Jahr sind in der Region von
November bis Mai garantiert. Ein Himmelreich für Winterurlauber.

Von Miriam Rüggeberg

Im dichten **Januarnebel gleiten wir** mit unserem Wagen lautlos durch die nächtliche Winterlandschaft. Über eine kleine Brücke gelangen wir auf die Insel Helgøya und parken schließlich auf dicht gepresstem Schnee. »Nur für Gäste der Baumkronenhütte«, belehrt uns ein Holzschild. Neugierig folgen wir einem schmalen, ausgetretenen Pfad, einige flackernde rote Kerzen und leuchtende Laternen weisen den Weg.

Getragen von vier Kiefern und starken Holzbalken ragt die Klattrehytta sieben Meter über den Hang. Es ist die jüngste *Hytta* des Baumhaushotels »Tretopphytter«. Baumhauskoryphäe Pete Nelson entwarf und baute sie im Frühjahr 2017 zusammen mit Frode Schei, Forstwirt und Inhaber der Baumkronenhütten. Verstreut liegen die sechs Wipfelnester abgelegen in den aus Fichten, Birken, Lärchen und Kiefern bestehenden Wäldern der Hedmark.

Gluthitze, knarrende Holzdielen, Wolldecken. Die Behaglichkeit überrumpelt uns. Mit einem vorgeheizten Ofen heißen uns die Gastgeber willkommen. Von minus 15 Grad Außentemperatur auf 28 Grad plus im Baumhausinneren steigt das Thermometer. Sofort verliebe ich mich in die kuschlige Schlafkoje mit Schaffell, entdecke eine gepolsterte Eckbank mit Holztisch und eine Leiter. An deren Ende finde ich ein weiteres Schlafloft mit Giebelfenster, das den Blick auf Wald und Mjøsa freigibt – den größten See Norwegens – und in die sternenklare Nacht.

Wir versuchen anzukommen. Genießen die Stille zwischen uns. Doch je stiller das Außen, desto lauter tönt mein Kopf. Wie aufgeschreckte Rentiere springen die Gedanken durch das Unterholz meiner neuronalen Landschaft. Bis die Tiere zur Ruhe kommen, vergeht knapp eine Stunde. An den beruhigenden Rückzugsort und das Nichtstun gewöhne ich mich erst langsam. Der ständige Impuls, mich abzulenken und die Lücke mit irgendeiner Tätigkeit zu füllen, ist anfangs groß.

Nachts ist die Stille am lautesten. »Bewegen sich die Tiere auf Zehenspitzen durch den Wald?«, will ich wissen. Angestrengt lausche ich in die Dunkelheit. Nichts. Nur die Spuren der Zivilisation hören wir ab und zu brummen und tönen. Ein entferntes Auto, unser Kühlschrank. Ab und zu knackt ein Baum, das Kaminfeuer, ein paar Holzdielen geben Lebenszeichen von sich. Die Handys schalten wir aus, dann schließen auch wir Frieden mit der Nacht.

Wie Eichhörnchen schlafen wir in unserem kleinen Kobel. Erst um neun Uhr weckt uns die nebelverhangene Sonne. Christopher brüht Kaffee auf, die schon mehrfach reparierte Kaffeekanne geht dabei kaputt. Gemütlich döse ich Minuten weiter. Kein Kaffee heute. Unwillig schäle ich mich aus der Koje: »Es ist so furchtbar gemütlich hier, dass es fast schon wehtut!« Jetzt bin ich angekommen, über Nacht hat sich die Ruhe in mir eingenistet.

In dicken Socken futtern wir Blåbær-Müsli, beobachten Vögel auf der Terrasse – Buntspechte, Gimpel und mehrere Hauben-, Kohl- und Tannenmeisen. Wer geduldig ist, kann von den Baumhäusern aus in sicherer Distanz Elchfamilien und Rotwild auf Futtersuche, vorbeiziehende Rentierherden und Eichhörnchen sichten. Bären und menschenscheue Wölfe zeigen sich hingegen nur äußerst selten.

Später tauchen wir auf einer Baumhaustour mit Frode und Ann-Marie in die visuelle Stille ein. Die Landschaft reduziert sich auf ein Minimum an Farben. Als ob jemand einen Lichtschalter umlegt, wechselt das Wetter von bedeckt auf Sonnenschein. Wie Tausend geschliffene Diamanten funkelt die vor uns ausgebreitete Schneedecke. Schier endlose, urwüchsige Fichten- und Kiefernwälder säumen unseren Weg, dicht in weiße Watte gepackt. Hier erstreckt sich ein 300 Kilometer langes Loipennetz von Ringsaker bis Øyerfjellet. Eine wunderbare Art, sich den Wald zu erschließen. Nach einem Tag in den Wäldern kehren wir müde, aber glücklich in die Klattrehytta zurück. Uns ist klar: Das ist der Wipfel der Gemütlichkeit. ◀

vorige Seite Baumkronenterrasse zum Eichhörnchen füttern, Rentiere beobachten und Grillen? Geht alles, sogar gleichzeitig!
links Flackernde Laternen weisen Gästen den Weg zum Baumhaus.
Mitte Hoch oben in den Baumkronen die Nacht hereinbrechen lassen.
rechts Winterlicher Willkommensgruß.

Im Adlernest den Tag ausklingen lassen.

4 × ECHT NORWEGISCH

HIMMELHYTTA: Himmelhytta ist ebenfalls Teil des Baumhaushotels »Tretopphytter« und liegt einsam auf einer kleinen Waldinsel inmitten eines Sumpfgebiets. Umgeben von 30 kristallklaren Seen ist es ein perfekter Ausgangspunkt zum Kanufahren, Schwimmen und Forellenangeln mit anschließendem Grillen.

MJØSGÅRDENE: Der Zusammenschluss von zehn Farmen rund um die Mjøsa bietet einen authentischen Einblick in die norwegische Kultur. Ein Raum für Galerien, Cafés, Handwerk, Tischkultur und Feste. Treffpunkt für alte und neue Freunde. Nicht läuten, einfach eintreten!

RAKFISK: Serviert mit Pellkartoffeln ist die in Salz eingelegte Forelle ein typisch norwegisches Wintergericht. Zwischen zwei Monaten und einem Jahr wird der Fisch in Salzlake fermentiert und erhält dadurch seinen charakteristischen, kräftigen Geschmack. Grund genug, dem Nationalgericht ein eigenes Festival zu widmen? Ja!

PRØYSENHUSET: Ein Kulturzentrum erbaut zu Ehren einer der bedeutendsten Persönlichkeiten Norwegens: Alf Prøysen, Geschichtenerzähler, Poet und Musiker. Mitten im Wald liegt das Gebäude, strahlt Wärme und Transparenz aus. Besonders für junge Kunstschaffende ist es ein inspirierender Ort mit abwechslungsreichem Programm.

Fulufjäll – Schweden

DER ALTE

TJIKKO

➥ Wind und Regen setzen ihnen zu, den Bäumen auf der Hochebene des Fulufjälls. Wer hier in der wilden Bergwelt Mittelschwedens dem Wetter standhält, muss hart im Nehmen sein. Ein Baum hat den Widrigkeiten besonders lange getrotzt. Tjikko ist 9500 Jahre alt, damit ist die Fichte einer der ältesten Bäume der Welt. Der Ausflug zu ihr führt an Schwedens höchstem Wasserfall vorbei.

Zerzauste *Bäume,*
die dem *Wind* trotzen.

Von Rasso Knoller

Irgendwo hier lebt
der alte Tjikko. Ziemlich zerfetzt sieht er aus,
mager und dürr. 9500 Jahre hat er auf dem Buckel und
steht wetterzerfurcht auf einer Hochebene im mittel-
schwedischen Fulufjället-Nationalpark. Tjikko ist wie
die meisten seiner Kollegen im Gebirge eine Gemeine
Fichte. *Picea abies* sagt der Fachmann dazu. Zerzaust
und klein sind in den schwedischen Bergen fast alle
Bäume, Wind und Wetter sorgen dafür. Der alte
Tjikko ist genau genommen ein Bonsai. Erst seit gut
100 Jahren wächst er überhaupt in die Höhe, vorher
war er – den früher noch härteren Wetterbedingun-
gen geschuldet – ein Kriechgewächs. Inzwischen hat
Tjikko krumme fünf Meter erreicht.

Es ist Sommer. Im Fulufjäll steigt das Thermometer auch an diesem Julitag nicht über die Zehn-Grad-
Marke. Ich bin dick in meine Windjacke eingemummelt, die Mütze habe ich tief in die Stirn gezogen. Mit

Sommerfotos, die mich so zeigen, kann ich zu Hause
gegen die Mallorca-Konkurrenz nur wenig Eindruck
machen. Aber ein Foto hält auch nur einen flüchtigen
Moment fest. Und wer es betrachtet, kann den schwedischen Wald noch lange nicht riechen – die Bäume
und Blumen, die Moose und Pilze. Ihr Duft wird hier
oben im Norden mit so viel sauberer Luft gemischt,
dass ein Städter wie ich davon high werden kann.
Man hört auch nichts auf dem Foto. Nicht den Wind,
der durch die Bäume streicht, nicht das Wasser, das
über die Steine plätschert und auch nicht den Ruf des
Unglückshähers.

Den abschätzigen Namen bekam der Vogel im
Mittelalter verpasst. Damals galt sein Erscheinen in
Mitteleuropa als Vorbote einer Katastrophe. Gerade
der graubraune, etwa 30 Zentimeter große Vogel hat
es aber am wenigsten verdient, so beschimpft zu werden. Freundlich wie er ist kaum ein anderer Waldbewohner. Neugierig schaut er auf seinem Ast sitzend
auf den Wanderer herab und leistet ihm am Lagerfeuer Gesellschaft. Vielleicht macht er das nicht ganz
uneigennützig, denn an Brotkrumen und anderen
Köstlichkeiten ist er durchaus interessiert. In den
nordischen Wäldern trifft man ihn überall und weil
man dort den Vogel gut kennt, bezeichnet man ihn in
Schweden auch als »Freund des Jägers«.

Ich bin auf dem Weg zum Njupeskär, Schwedens
höchstem Wasserfall. Aus 93 Meter stürzt das Was-

vorige Seite Auf der Hochebene des
Fulufjäll: Je höher man kommt, desto
kleiner werden die Bäume.
links Weitblick mit Regenbogen.
Mitte Beliebtes Wandergebiet: die
Gegend rund um den Grövelsjön.
rechts Aus dem Bach Njupån wird
Schwedens größter Wasserfall.
unten Der Unglückshäher trägt seinen
Namen zu Unrecht.

3 BESONDERE ERLEBNISSE

LIEBER MIT DEM RANGER GEHEN: Der Weg zum alten Tjikko ist nicht ausgeschildert. Im Nationalparkzentrum Naturum am Fulufjäll kann man sich aber den Weg zu dem uralten Baum beschreiben lassen. Wer sich lieber einer Führung anvertraut und sich mit interessanten Geschichten füttern lassen will, bucht eine Rangertour. Im Juli und August startet sie täglich um 10.30 Uhr im Nationalparkzentrum.

GRÖVELSJÖN: Der schwedische Naturforscher Carl von Linné war auch schon hier – und begeistert. Nur eine gute Fahrstunde nördlich des Fulufjälls liegt das nächste traumhafte Wandergebiet. Für viele ist der Grövelsjön der schönste See in den schwedischen Bergen. Mehrere Wanderwege führen rund um ihn herum. Das fordert Sie nicht? Dann wandern Sie doch von hier 1300 Kilometer in Richtung Norden zum Dreiländereck, der Grenze zwischen Finnland, Norwegen und Schweden. Wer die gesamte Strecke schafft, wird mit einer Plakette an der Grövelsjön-Fjäll-Station geehrt.

ELCHE SCHAUEN: In Dalarna, der Region, in der auch der Fulufjäll liegt, fühlen sich Elche besonders wohl. Nirgends in Schweden leben mehr Tiere der größten europäischen Hirschart. Weil der König der nordischen Wälder aber menschenscheu ist, bekommt man ihn nur selten zu Gesicht. Am besten bucht man deswegen eine Elchsafari.

{ Reine Luft }

MIT DEN DÜFTEN DER NATUR VERMISCHT.

links Ganz nah an der Natur: unterwegs mit dem eigenen Zelt.
Mitte Gleich geht's bergab: kurz vor der Abbruchkante von Schwedens größtem Wasserfall, dem Njupeskär.
rechts Familienwanderung auf der Hochebene des Fulufjäll.

ser in die Tiefe, 70 Meter davon im freien Fall. Der Weg dorthin geht zunächst nicht wirklich als Wanderung durch. Den ersten Kilometer spaziert man auf erhöhten Holzbohlen dahin – behindertengerecht. Inklusion ist den Schweden wichtig – die Natur ist schließlich für alle da. Bald schon höre ich das Rauschen, dann, nach einem kurzen Anstieg, geben die Bäume den Blick auf den Njupeskär frei. Ein wenig sind die Bäume wie die Menschen in Schweden: Sie lassen einander Platz. Zu eng rückt hier niemand dem anderen auf den Pelz. So, wie die Wanderer, die mir entgegenkommen, respektvoll Abstand halten, wenn sie mich freundlich grüßend passieren, so bleiben auch die Bäume untereinander auf Distanz.

Nachdem ich den Wasserfall passiert habe, geht es hinauf auf die Hochebene, dorthin, wo Tjikko steht. Weit ist es eigentlich nicht, doch bringt mich jeder Meter, den ich nach oben steige, mehr ins Schwitzen. Auch für die Bäume scheint es anstrengender zu werden. Immer spärlicher wird der Bewuchs, bald sind es nur noch Büsche, die dem Wind trotzen.

Ich verlasse den Pfad und gehe querfeldein weiter. Wer den Methusalem der Bäume besuchen will, muss sich vom Ranger im Infozentrum den Weg zu ihm beschreiben lassen. Zu viele Besucher täten dem wackeren Gesellen nicht gut.

Ein Geografieprofessor aus Nordschweden hat den alten Baum 2004 entdeckt; benannt hat er ihn damals nach seinem Husky Tjikko. Der Hund ist mittlerweile schon lange tot, der einsame Baum auf der Hochebene am Fulufjäll aber wird vermutlich noch viele Jahrhunderte leben. ◀◀

ÜBERLEBEN IN DEN WÄLDERN

Von Marion Hahnfeldt

Hänsel und Gretel gingen in den Wald, und es kam, wie es kommen musste: Sie verliefen sich, sie hatten Brotkrumen ausgestreut, um den Weg zurückzufinden – Anfängerfehler. Die Vögel fraßen die Krümel, der Rest ist Geschichte. Wer im Wald, wer in der Wildnis überleben will, braucht etwas mehr als ein paar Brocken Brot, er braucht Kenntnis und Erfahrung.

Das bestätigt auch Kai Sackmann. Der Deutsche liebt die Abgeschiedenheit der Wildnis, regelmäßig zieht es ihn für Wochen und Monate nach draußen. Er schläft draußen und trinkt sein Wasser aus Flüssen, Seen und Bächen, nur gefiltert durch eine Socke. Er röstet Maden über dem Feuer oder ernährt sich von den Pflanzen. Bis er so weit war, dass er in der Natur allein überleben konnte, hat es Jahre gedauert, und heute ist er einer der erfahrensten Scouts im deutschsprachigen Raum. Er selbst nennt sich Survival-Profi, auf seinem YouTube-Kanal und seiner Website gibt er das Wissen weiter. Da erklärt er, wo man am besten schläft (»Bei einem Lagerplatz im Wald bist du immer besser vor dem Wind geschützt als auf freier Fläche«), wie man sich in einer Höhle verhält (»Am wenigsten aufwendig sind einfache Horizontalhöhlen«), warum Dreck gesund ist (»Heutzutage langweilen sich unsere Abwehrzellen oftmals so sehr, dass das Immunsystem seinen Unfug mit uns treibt«) und was man bei einer Begegnung mit Wildschweinen tut (»Dann bleibe erst einmal stehen«). Befragt zu seiner Motivation sagt er: »Ich will wissen, wie unabhängig ich mich von der Konsumgesellschaft machen kann.«

Kai Sackmann steht für eine Generation, die ihre Verbundenheit zur Natur wiederentdeckt. Simplify your life – halte dein Leben so simpel wie möglich. Und wer einmal selbst seine Grenzen ausloten möchte, der macht ein Survival-Training mit. Das Angebot ist groß, es reicht von Wochenendworkshops bis zu langen Touren, bei denen man nur mit einem Messer bewaffnet in den Wald zieht. Das Prinzip aber ist immer gleich: Ein Experte zeigt, wie man in der Natur

Er schläft draußen und trinkt sein Wasser aus Bächen und Seen.

mit einfachen Mitteln überlebt, und immer geht es um Selbstbestimmung und die Fragen: Wer bin ich und wo will ich hin?

»Wenn man sich da draußen auf das Wesentliche reduziert, ist man schnell bei der Frage: Was ist mir wichtig? Und schon geht es um die Persönlichkeit, die eigenen Werte«, schreibt Outdoor-Coach Lars Krone. Das sei auch der Grund, warum viele Unternehmen ihre Führungskräfte statt zur Weiterbildung im Fünfsternehotel zum Survival-Training in den Wald schicken. Stärken und Schwächen sollen erkannt werden, die Motivation wird geschult, die Teamfähigkeit getestet. Das Einzige, was benötigt werde, sei der Wille, sich auf Neues einzulassen – und an seine Grenzen zu gehen.

Die Holländerin Miriam Lancewood fand ihren ganz eigenen Weg. Bei einem Trip durch Indien hatte sie als 22-Jährige ihren späteren Ehemann kennengelernt, er stammt aus Neuseeland. Dort leben sie nun wie Tarzan und Jane seit sieben Jahren ohne Strom, ohne Telefon, ohne Computer. Das Dach über ihrem Haus ist der Himmel. Wie sie ihr Leben in der Wildnis meistern, darüber hat Miriam gerade ein Buch geschrieben. Es ist ein Lehrbeispiel über die Nähe zur Natur und das Überleben darin. Sie sagt: »Wir glauben, dass die schönsten Dinge, vom Nacktbaden bis zum funkelnden Sternenhimmel, ganz einfach so zu haben sind.«

{ SEEN und *Wälder* und kein **Ende**. }

Einer der Seen rund um den Pankajärvi in Karelien, Finnland.

Stolberget – Schwedisch-Lappland

BACK TO THE
ROOTS

➥ Es ist früh am Morgen, die Nacht war kurz, als ich in das kleine Flugzeug steige. Trotzdem bin ich hellwach. Fest presse ich meine Nasenspitze ans Fenster, um ja nichts zu verpassen. Langsam verändert sich alles um mich herum, bis ich die vertraute Landschaft mit Stecknadeln gleichenden Wäldern und im Morgenlicht blau schimmernden Schneemassen erblicke. Ich bin zurück in »meinem« Lappland.

Von Kerstin Beck

Lappland. Bei die-
sem Wort schießen mir sofort Erinnerungen in den Kopf.
Erinnerungen an echte Winter mit klirrender Kälte bis knapp
unter die Minus-40-Grad-Marke. Erinnerungen an verzauberte
Winterlandschaften mit meterhohem Schnee, unter dessen Last
sich die Bäume zu bizarren Formen verbiegen. Erinnerungen an
kurze Tage und lange Abende vor dem prasselnden Kaminfeuer.
Und Erinnerungen an Begegnungen mit dem indigenen Volk
der Samen, die mit ihren wehmütigen *Jojk*-Gesängen Gänsehaut-
feeling verbreiten.

Eine ganz besondere Erinnerung, die mich wohl für immer begleiten wird, ist unsere Rentierschlittenfahrt. Direkt am
nördlichen Polarkreis, tief in den verschneiten Winterwäldern
Schwedisch-Lapplands liegt das Wildnisdorf Stolberget. Etwas aus
der Zeit gefallen, empfängt mich das Gehöft mit seinen karmin-
roten Schwedenhäusern aus dem 18. Jahrhundert vor der Kulisse des schneebedeckten Waldes. In der Ferne erblicke ich eine
kleine Gruppe Rentiere. Eine Szene wie aus einem schwedischen
Bilderbuch. Der Begriff »Wildnis« ist in Stolberget übrigens nicht
aus der Luft gegriffen: In 20 Kilometer Umkreis findet sich keine
Menschenseele und das Dorf ist ganz bewusst nicht an das Strom-

vorige Seite Keine Spuren im Wald: nur Schnee und Sonne. Wussten Sie,
dass Rentiere je nach Jahreszeit ihre Augenfarbe ändern?
links Eine der kuscheligen Unterkünfte im Wildnisdorf.
Mitte Lappland von oben aus dem Flugzeug.
unten Beinahe geräuschlos gleiten wir mit dem Schlitten durch den Wald.

und Wassernetz angeschlossen. »Back to the Roots«, zurück zu den Wurzeln und der Natur, ist hier keine leere Werbehülle. Statt modernen Bequemlichkeiten gibt es frisches, eiskaltes Wasser aus der Waldquelle, Licht von Petroleumlampen und die Wärme der gußeisernen Öfen, die Zimmer und Hütten auch bei eiskalten Temperaturen in kuschelige Rückzugsorte verwandeln. Silke und Dirk Hagenbuch, das Besitzerehepaar des Dorfes, haben ihrer deutschen Heimat den Rücken gekehrt, um in Solberget ein Leben im Einklang mit der Natur zu führen und auch Gästen dieses einmalige Erlebnis zu ermöglichen.

Doch der Grund meines Besuchs ist diesmal nicht das Wildnisdorf, es sind die Rentiere. Ich bin gespannt wie ein Flitzebogen, denn mich erwartet meine erste wirklich nahe Begegnung mit einem Rentier – und das bei einer Schlittenfahrt! Dann ist der Moment gekommen: Gemächlich trottet »mein« Rentier hinter Dirk her auf mich zu. Sein Fell ist heller als das seiner Genossen und es hat eine weiße Blesse um die rosafarbene Nase. Aufmerksam, aber distanziert betrachtet es mich. Der scheinbar träge erste Eindruck trügt, erzählt mir Dirk, während er mit geübten Griffen die Gurte des Schlittens befestigt. Erwachsene Rentiere erreichen Spitzengeschwindigkeiten von bis zu 80 Stundenkilometer. In riesigen Herden wandern sie abhängig von der Jahreszeit landein- und küstenwärts, insgesamt bis zu 5000 Kilometer. Bis heute ist es allein den Samen in Schweden und Norwegen gestattet, Rentiere zu züchten. Die Tiere waren seit jeher ihr wichtigstes Transport- und Nahrungsmittel, nicht ohne Grund gibt es in der Samensprache mehr als 1000 Worte für Rentier. Mit ihrem dichten Fell und den spreizfähigen Hufen sind sie perfekt auf das Leben nördlich des Polarkreises eingestellt.

Zeit zum Aufbruch. Das »Hü« für Rentiere heißt »Uiuiuiui«, erklärt uns Dirk, bevor er sich auf seinen Schlitten schwingt und mit einem geübten »Uiuiuiui« anfährt. Wir schmunzeln. Bis wir es selbst probieren. Unter Lachanfällen gelingt es schließlich auch dem Letzten von uns, sein Rentier in Bewegung zu setzen. Ich genieße die Fahrt in vollen Zügen, die langsam an mir vorbeiziehende Winterlandschaft und die Stille des Waldes. Immer wieder blinzelt die Sonne durch die Wolken und wirft die zerfransten Schatten der schneebedeckten Bäume auf das glitzernde Weiß. Für einen Moment bin ich komplett eins mit der Natur. Warum gehen solche Moment nur immer viel zu schnell vorüber? ◀◀

oben Im Haus von Dirk und Silke begrüßt uns ein Rentier.
rechts Die Rentierschlitten stehen schon bereit.
rechts oben Die Bäume biegen sich unter der Last des Schnees.

Der Natur ganz nah.
So einfach.
Warum im Alltag so fern?

3 × STAUNEN, ESSEN, ERLEBEN

ESSEN: Wer in Lappland ist, sollte eines der traditionellen Rentier- oder Elchgerichte probieren. Meine Empfehlung: _Souvas_, geräuchertes Rentierfleisch, das, wenn möglich, über dem Feuer gebraten zusammen mit Preiselbeermarmelade und Salat im Fladenbrot gereicht wird. Unschlagbar lecker!

SOUVENIR: Ein wunderschönes und einzigartiges Mitbringsel sind kunstvoll mit Zinndraht bestickte Rentierlederarmbänder, wie die Samen sie seit dem 16. Jahrhundert herstellen. Der Brauch, seinen Besitz mit gesponnenem Gold-, Silber- oder Bronzefaden zu schmücken, ist aber sehr viel älter: In der Nähe des schwedischen Uppsala hat man Fragmente von gesponnenem Goldfaden ausgegraben, die auf etwa 1000 v. Chr. datiert werden.

NORDLICHTER: Die Krönung eines Lappland-Aufenthalts sind sicherlich die Polarlichter, auch _Auroa Borealis_ genannt. Die Samen nennen Nordlichter Guovssahasat und glauben, dass sie Geister von Verstorbenen sind, die die Lebenden besuchen. Daher ist in ihrer Gegenwart Ehrfurcht und Stille geboten. Rund um den Polarkreis ist die Wahrscheinlichkeit am höchsten, die tanzenden Lichter zu sehen. Die beste Chance auf eine Sichtung hat man von Ende September bis Ende März. Damit man die Polarlichter auf keinen Fall verpasst, empfehle ich Apps wie zum Beispiel die »Polarlicht-Vorhersage«.

Nordjütland – Dänemark

Radfahren
IN WALD UND DÜNEN

➠ Familienurlaub in Dänemark bedeutet: im Sand buddeln, sich ins kühle Meer wagen und in kleinen Läden zusehen, wie aus viel Zucker und Farbstoff Bonbons entstehen. Die Überraschung wartet jenseits von Strand und Stadtleben: im Wald. Dort gibt es Singletrails, die selbst erfahrene Mountainbiker begeistern – Flachland hin oder her.

Von Monika Herbst

W er kommt

schon auf die Idee, sein Mountainbike nach Dänemark mitzunehmen? Ich jedenfalls nicht. Das Land ist flach, der höchste Berg ist mit gerade mal 170 Metern ein Hügel. Mit seinen 7314 Kilometern Küstenlänge an Nord- und Ostsee ist Dänemark ein klassisches Ziel für Badeurlauber und Familien wie uns. Wir fahren nach Nordjütland, an die Spitze Dänemarks. Doch statt am Strand finde ich mich plötzlich in einem dänischen Fahrradverleih wieder.

Ausgerechnet das flache Dänemark entpuppt sich als Paradies für Mountainbiker. Der Kopenhagener Geert Klarsgaard weiß das längst und sagt: »Zum Mountainbiken braucht man keine Berge.« Wie, zum Bergradeln braucht man keine Berge? Und zum Schwimmen braucht man kein Wasser? Geert Klarsgaard weiß, wovon er spricht. Er ist Anfang 60 und Vorsitzender des größten und ältesten Mountainbike-Clubs in Dänemark, dem Dansk Mountainbike Club. Seit zehn Jahren fährt er Mountainbike, nicht nur in Dänemark, sondern in der ganzen Welt. Er kennt Trails in Utah, Südafrika, Tschechien und in den Alpen. An die Qualität dänischer Trails reichen sie aus seiner Sicht alle nicht heran. Man könnte dem freundlichen Dänen eine gehörige Portion Patriotismus unterstellen und das Thema abhaken – oder selbst einen dieser fantastischen Wege fahren.

Tatsächlich entdecke ich durch Zufall einen Trail: Er führt auf 14 Kilometern durch die Tornby-Klit-Plantage, ein kleines Waldstück im Nordwesten Dänemarks zwischen der Nordsee und dem Örtchen Tornby. Er sieht so verlockend aus, dass ich gleich am nächsten Tag ein Mountainbike ausleihe. Für die Strecke brauche ich rund zwei Stunden. Sie ist so gut beschildert, dass ich problemlos ohne Karte oder GPS-Gerät klarkomme. Bei insgesamt gerade mal 180 Höhenmetern gibt es weder lange Anstiege noch Abfahrten. Dafür fahre ich auf schönen Singletrails – etwa einen halben Meter breite Pfade – auf und ab und um enge Kurven. Der Trail führt auf Waldwegen über Wurzeln, Kiefern- oder Fichtennadeln, gelegent-

lich wird es unter den breiten Reifen auch sandig.
Der Strand ist hier nicht weit. Zum Zwitschern der
Vögel gesellt sich das Rauschen des Meeres, der Duft
der Kiefern vermischt sich mit dem salzigen Geruch
der Nordsee. Es geht vorbei an Dünengräsern, jungen
Nadelbäumen und hohen Laubbäumen, durch lichte,
sonnige und dann wieder durch düstere, zugewachse-
ne Abschnitte, die mich frösteln lassen. Mehr Abwechslung geht nicht. Und mehr Service auch nicht:
Führt der Weg über Sanddünen bergauf, erleichtern
ausgelegte Matten oder Baumscheiben den Anstieg.

Man merkt dem Trail die viele Arbeit an, die in
ihm steckt. Von Geert Klarsgaard erfahre ich, dass es
in Dänemark für die meisten MTB-Strecken eigene
»Trail Builder« gibt, die sich ehrenamtlich um die

vorige Seite Dünen und Wald: Auch beim Mountainbiken ist in Dänemark das Meer nie weit.
oben Auf Sand fährt es sich schwer. »Trail Builder« haben den Weg
deshalb mit Baumscheiben bestückt.
unten Mountainbikers Glück: mitten durch den lichten, sonnigen Wald
der Tornby-Klit-Plantage führt ein Singletrail.

Wege kümmern. 124 Trails sind es aktuell, im Schnitt sind sie etwa zehn Kilometer lang. Viele davon liegen in der Nähe von größeren Städten wie der Hauptstadt Kopenhagen und einige führen durch wunderbare Wälder. Radfahren und Wald – das passt gut zusammen.

Geert Klarsgaard ist sich sicher, dass die Begeisterung der Dänen für das Mountainbiken mit ihrer Begeisterung für das Fahrradfahren und ihrer Liebe zur Natur zusammenhängt. In einem Land, in dem mehr als jeder zweite Verkehrsteilnehmer mit dem Rad unterwegs ist und in dem selbst Taxis mit Fahrradträgern ausgestattet sind, schließt die Liebe zum Zweirad das Bergrad mit ein – auch ganz ohne Berge. Dennoch sind die Trails nicht nur für Einsteiger gedacht, im Gegenteil: Was den Dänen an Höhenmetern fehlt, gleichen sie mit technischem Anspruch aus. Auch die Tornby-Klit-Plantage zeigt immer wieder schwarz markierte Alternativen, Abstecher für Könner mit Treppen, Geländestufen, Sandgräben oder kurzen, sehr steilen Anstiegen. Ich genieße lieber den sanften Flow auf der Hauptstrecke im Wald. Was bleibt, sind zerkratzte Arme von den Himbeerbüschen und ein glückliches Lächeln auf dem Gesicht. ◀

DAS KLEINE GLÜCK IN DÄNEMARKS NORDEN

4 × GUTE GRÜNDE

MEERESTREFFEN: Bei Skagen, an der Nordspitze Dänemarks, haben sich Nord- und Ostsee verabredet. Die weit ins Meer reichende Landzunge war bei Seefahrern gefürchtet. Der ehemalige Schiffsfriedhof ist heute ein Ort des Staunens: Die Wellen von Skagerrak (Teil der Nordsee) und Kattegat (Verbindung zwischen Nord- und Ostsee) treffen hier aufeinander. Baden ist verboten, denn durch die starke Strömung lebensgefährlich.

HAFENATMOSPHÄRE: Mindestens einmal sollte man sein Abendbrot an der Mole im Hafen von Hirtshals genießen, einem der größten Fischereihäfen Dänemarks. Zum frisch gefangenen Fisch, den man dort verspeisen kann, gibt es gratis eine große Portion Hafenidylle. Im milden Licht der untergehenden Sonne kann man die Angler beobachten und sieht die Fähren auslaufen, die sich auf den Weg nach Larvik oder Kristiansand in Norwegen machen.

PLUNDER: Wer hierzulande von Plunder spricht, meint unnützen, wertlosen Kram. In Dänemark hat Plunder mit Gerümpel nichts zu tun. Im Gegenteil: Plunder ist sehr feines, aufwendig zubereitetes Gebäck aus Hefeteig, in den Butter oder Margarine eingearbeitet wird. Die Vielfalt an Plunder in dänischen Bäckereien ist groß. Es gibt sie zum Beispiel mit Schokolade, Zuckerguss, Vanillecreme oder Marmelade. Unbedingt probieren!

OZEANARIUM: Schlechtes Wetter? Dafür gibt es das Nordsee-Ozeanarium in Hirtshals. In diesem Meeresmuseum lassen sich in 70 Aquarien 6500 Fische und Meerestiere aus der Nordsee entdecken. Wer traut sich, einen Seestern zu streicheln? Oder mit den Händen nach einem Krebs zu greifen? Man kann auch einfach zuschauen, wie Haie, Rochen oder Seehunde gefüttert werden, oder das Skelett eines Finnwals bestaunen.

Nationalpark Jasmund

Stadtwald Lübeck

Wendland

Harz

Nationalpark Hainich

Eifel

Sie stehen auf einer Stufe mit dem Grand Canyon und den Galápagos-Inseln: Fünf deutsche Buchenwälder wurden von der UNESCO 2011 zum Welterbe ernannt. Dazu zählen auch vier Wälder in Mecklenburg-Vorpommern.

+++

Der höchste Baum Deutschlands ist aktuell eine über 100 Jahre alte Douglasie. »Waltraut«, so ihr Name, steht im Stadtwald von Freiburg und ist 66,58 Meter hoch. Der älteste Baum wächst im hessischen Schenklengsfeld, die Linde bringt es auf etwa 1250 Jahre.

+++

Dem Himmel so nah – das geht am besten auf einem Baumkronenpfad. Davon gibt es in Deutschland weit mehr als zehn. In Österreich gehört der Baumkronenweg Kopfing zu den eindrucksvollsten. Dort oben, in 20 Metern, ist alles anders. Der Klang der Vogelstimmen ist gewaltiger, die Luft reiner.

+++

In Deutschland gibt es etwa 76 Baumarten. Während jeder Birken, Eichen und Tannen aufzählen kann, haben wohl die wenigsten von der Flaumeiche gehört (*Quercus pubescens*).

Heimische Wälder

Romantik, Blätterrauschen

Berchtesgadener Land

Bayerischer Wald

Bayerisches Voralpenland

Tirol

Odenwald

Schwarzwald

Unterengadin

Nationalpark Jasmund – Deutschland

WALD ÜBER DEM
MEER

➡ Wer den Wald nahe des Königsstuhls auf der Insel Rügen betritt, merkt gleich, dass dies kein gewöhnlicher Wald ist. Zu groß sind die Bäume, die in den Himmel zu wachsen scheinen. Zu erhaben wirken die Buchen mit ihren silbergrauen Stämmen, zwischen denen man sich ganz klein vorkommt. Wanderung durch einen Wald für Romantiker.

54° 33´ N, 13° 38´ O

Von Monika Rößiger

vorige Seite Wo die Rotbuche das Meer umarmt – der Hochuferweg im Jasmund-Nationalpark bietet immer wieder reizvolle Blicke auf die Ostsee.

oben links Den Abgrund schon überschritten hat dieser Baum, der es trotzdem noch schafft, sich mit seinen Wurzeln ins Erdreich zu krallen.

Mitte Im Herbst bietet der Wald immer ein besonders schönes Farbenschauspiel.

rechts Permanent nagen Wind und Wellen an der Steilküste und tragen Kreide in die Ostsee. Das verleiht dem seichten Wasser sein smaragdgrünes Schimmern.

Anfangs gehe **ich beinahe auf Zehenspitzen,** wie um die Majestäten nicht zu stören. Immerhin gehören sie zum Weltnaturerbe der Menschheit. Was ich sehe, lässt mich staunen: Die Baumkronen über mir schließen sich zu einem Gewölbe, als wäre ich in einer Kathedrale aus grünem Laub. Weiter vorn schimmert das Blau der Ostsee durch die schlanken Säulen. Eine Wald-Kathedrale am Meer – das hat doch was!

Nun wieder normal laufend, folge ich dem blätterübersäten Pfad, bis ich an einer Abbruchkante über dem Wasser stehe: dem berühmten Steilufer der Kleinen Stubbenkammer mit ihren blendend weißen Kreidefelsen. Mehr als 100 Meter tief fallen sie herab, links der Königsstuhl, rechts die Viktoriasicht. Das Meer zu ihren Füßen leuchtet in türkisen und smaragdgrünen Farben.

Die von Menschenhand nahezu unberührten alten Buchenwälder im Nationalpark Jasmund zu durchwandern ist ein ganz besonderes Erlebnis.

Smaragdgrün Meer

Zwischen Königsstuhl und Sassnitz führt ein Hochuferweg an der Kreideküste entlang, den man nur zu
Fuß absolvieren kann. Fahrradfahren ist nicht erlaubt
und wäre auch nicht empfehlenswert, denn – und
das ist vielleicht die zweite Überraschung in diesem
Inselwald – statt norddeutscher Tiefebene erwartet
den Besucher eine hügelige Landschaft, die ihn immer
wieder teils steil »bergauf« und »bergab« führt.

Vor etwa 800 Jahren eroberten die Buchen die
Halbinsel Jasmund, wo sie heute den größten Buchenwald an der Ostseeküste bilden. Obwohl die Rotbuche
in ganz Mitteleuropa von Natur aus die dominante
Baumart war, ist so ein Waldökosystem auf dem
Kontinent nur noch selten zu finden. Hier aber darf
die Natur frei walten (und nicht der Förster), deshalb
bleiben vom Sturm umgeworfene Bäume liegen, genau
wie Äste und Zweige. Und so sieht es auch aus: total
»unordentlich«. Aber das freut die ökologisch wich-
tigen Zersetzer wie Pilze, Insekten und Bakterien, die
sich ungestört ans Werk machen. Das von ihnen hin-
terlassene morsche Holz bietet eine Fülle von Nischen
und Verstecken für eine Vielzahl von Tieren, darunter
allein 1000 verschiedene Käferarten. In Baumhöhlen
nisten Spechte, Fledermäuse, Käuze. Auf den Lichtungen siedeln Baumarten wie Ahorn, Ulme und Esche,
in Bodensenken Erlen und in trockeneren Zonen der
Europäische Wildapfel, die Wildbirne und Frauen-
schuh (eine streng geschützte Orchideenart).

Während ich dem Hochuferweg folge, linker Hand auf die Ostsee blickend, rechts in die Tiefe des Waldes, fällt mir noch eine weitere Besonderheit auf: ein mannigfaltiges Plätschern, mal leise murmelnd, mal laut gurgelnd. Es stammt aus zig Bächen und Rinnsalen, die den Wald durchströmen. Wegen des starken Gefälles erinnern sie an Gebirgsbäche. Wenn sie klein sind, springt man einfach darüber hinweg, über die größeren führen Holzbrücken. Das Wasser ist herrlich klar, man sieht bis auf den hellen Grund und mit etwas Glück kann man den bunt schillernden Eisvogel beobachten.

Die Wanderung macht mir großen Spaß. Auch nach mehreren Stunden komme ich aus dem Staunen über die Schönheit dieses Waldes am Meer nicht heraus, das Farbenspiel aus Grün-Blau-Weiß. Und noch immer empfinde ich Ehrfurcht angesichts der grünen Riesen, die hier schon so lange überdauern. Der Begriff »malerisch« drängt sich geradezu auf. Und so verwundert es nicht, dass Künstler im 19. Jahrhundert wohl ähnlich empfanden, als sie diese zauberhafte Landschaft in Öl auf die Leinwand bannten. Allen voran Caspar David Friedrich. Sein Gemälde »Kreidefelsen auf Rügen«, ein Hauptwerk der Romantik, entstand an diesem Weg. ◀◀

»Natur Natur sein lassen« ist hier Programm.

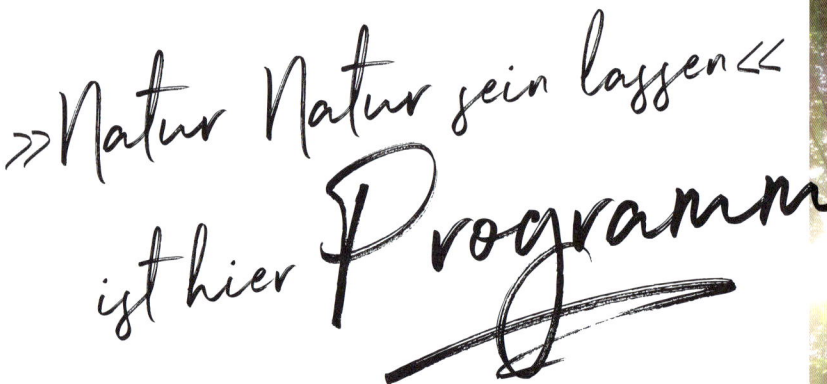

Mitte Wie eine Säulenwand wirken die silbriggrauen Stämme der Jungbuchen, von denen einige gefährlich nah an der Abbruchkante wachsen.
rechts oben Pilze, Moos und Flechten sieht man häufig an den Bäumen auf Rügen.
unten Die Sonne malt Kleckse auf den Waldboden.

WALD, STRAND, HAFEN UND KREIDE IM NATIONALPARK JASMUND

4 × KONTRASTPROGRAMM

STRAND: Da die Treppe zum Strand an der Viktoriasicht inzwischen gesperrt ist und auch nicht wieder eröffnet wird, bietet u.a. ein ausgeschilderter Pfad am Kieler Bach die Gelegenheit, zum Meer abzusteigen.

AUSSTELLUNG: Nahe der Wissower Klinken führt ein Weg zur ehemaligen Waldhalle, in der heute das UNESCO-Welterbeforum residiert. Es zeigt eine Dauerausstellung über die »Alten Buchenwälder«, in einem Café kann man eine Verschnaufpause einlegen.

HAFEN: In Sassnitz lohnt sich ein Bummel durch den Hafen mit seinen zahlreichen Fischlokalen, häufig mit Blick aufs Wasser. Außerdem gibt es ein Geschäft zu entdecken mit regionalen Spezialitäten – von Sanddornsaft bis Rügener Heilkreide.

KREIDEABBAU: Das Kreidemuseum in Gummanz ist in einem ehemaligen Kreidewerk untergebracht. Es zeigt die über 200-jährige Tradition des Abbaus von Kreide, ihre Verwendung und heilende Wirkung sowie zahlreiche Fossilien.

zehn Fragen an ...

„**BÄUME** sind mehr wert als nur ihr Holz

... den Baumversteher

Der Biologe **ROMAN ZWEIFEL** kann die Sprache der Bäume entschlüsseln. So weiß er etwa, wie es klingt, wenn sie durstig sind, oder wie eine Pflanze reagiert, wenn man in ein Blatt schneidet.

1. Was hören Sie, wenn Sie in den Wald gehen?

Ich höre das Rauschen, wenn etwa der Wind durch die Blätter streicht, ich höre das Zwitschern der Vögel. Ich kann die Bäume aber nicht anders hören und wahrnehmen als Sie. Sprechen im menschlichen Sinn tut der Wald nicht, zumindest nicht zu mir.

2. Aber dennoch können Sie die Bäume verstehen?

Zumindest habe ich Messgeräte zur Verfügung, die mir einen tieferen Einblick in die Funktionsweise von Bäumen erlauben. Eines dieser Geräte kann Ultraschallsignale aus dem Bauminnern aufnehmen. Solche Signale entstehen, wenn der Baum unter Trockenheit leidet. Dann verdunstet mehr Wasser, als er aus dem Boden aufnehmen kann, und das tönt dann wie ein Klicken. Aber es gibt noch weitere Geräusche, die wir bisher nicht einer physikalischen Ursache zuordnen konnten.

3. Und doch gelten Sie als der Mann, der weiß, wie Bäume ticken.

Als Ökophysiologe versuche ich zumindest, Bäume in ihrer physikalischen und biologischen Funktionalität zu verstehen. Ich möchte zum Beispiel wissen: Wie reagiert ein Baum, wenn es trockener wird, wie beeinflusst Wassermangel sein Wachstum oder den Stoffwechsel oder wie unterschiedlich reagieren die Arten?

4. Und, wie reagieren sie?

Es gibt Hinweise, dass es eine Art von Stoff- und Signalaustausch zwischen Bäumen geben könnte. Dieser Signalaustausch läuft am wahrscheinlichsten über die Wurzeln ab und dort wohl über chemische Botenstoffe oder schlicht über den Austausch von Wasser, möglicherweise über Kohlenhydrate.

5. Bäume kommunizieren also wirklich?

Es gibt Untersuchungen, die zeigen, wie Pflanzen nach einem Befall mit Schadinsekten Hormone ausschütten, um wiederum Fressfeinde von deren Fressfeinden anzulocken. Dies wäre ein Beispiel für die Kommunikation zwischen Pflanzen und Insekten.

6. Der Baum kommuniziert also auch pflanzenübergreifend?

In meinem Verständnis von einem Ökosystem gibt es nicht nur Konkurrenz, sondern auch ein Miteinander. Die Symbiose zwischen Pilz und Baum zeigt, dass die Interaktionen auch oder vielleicht sogar hauptsächlich zwischen den Arten ablaufen.

7. Gibt es Unterschiede zwischen den Baumarten, ist eine Art besonders mitteilsam?

So verschieden wie Bäume mit Blättern und Nadeln ausschauen, so artspezifisch sind auch ihre Verhaltensmuster in Bezug auf Stoffwechsel, Wachstum und Ultraschallsignale in einer bestimmten Umgebung.

8. Bäume sollen nachts sogar die Zweige hängen lassen. Schlafen sie dann?

Neuste Lasertechnologien lassen tatsächlich erkennen, wie Bäume ihre Äste heben und senken, zum Teil in Abhängigkeit von Licht, zum Teil aber auch in einem überlagerten Rhythmus, der unabhängig von der Tageszeit ist und Unterschiede zwischen Arten zeigt. In unseren Breiten ist auch der saisonale Jahresverlauf prägend für den Stoffwechsel von Bäumen. Das beginnt mit dem Wiedererwachen im Frühling, geht über die Wachstumsphase in den Sommer hinein und endet im Herbst mit dem Verwelken von Blättern. Im Winter sind die blattlosen Arten dann in einer Art Winterschlaf.

9. Was glauben Sie: Haben Bäume Gefühle?

Nein, das ist ein Begriff für tierische Lebewesen mit einem Nervensystem. Allerdings kann man Elektrosignale an Pflanzen auslösen, wenn man etwa in ein Blatt schneidet. Aber auch wenn es Parallelen zu Nervensignalen gibt, würde ich nicht von Gefühlen sprechen. Dennoch sind Bäume Lebewesen, denen wir mit Respekt begegnen sollten.

10. Was bedeutet das für den Menschen?

Es bedeutet auch, dass wir eine veränderte Sichtweise auf eine intakte Natur haben müssen. Unser aller Leben hängt davon ab, dass die Kreisläufe geschlossen bleiben. In diesem Sinn versuche ich als Wissenschaftler, nicht nur Fachwissen zu generieren, ich möchte etwas zum Bewusstsein beitragen, dass die Bäume mehr wert sind als nur ihr Holz.

52° 55´ N, 10° 54´ O

Wendland – Deutschland

MEIN WALD DER
Erinnerung

➡ Wenn ich an den einen, mir so vertrauten Wald im Wendland denke, kommen die Erinnerungen. Es sind Bilder aus vergangenen Zeiten, die für mich längst zu diesem Wald gehören. Sie sind eng mit ihm verbunden, wohnen darin, zusammen mit all den Birken, Buchen, Fichten, Wildschweinen, Blaubeeren und Füchsen, den Maronen und – neuerdings – wieder den Wölfen.

Von Mia Raben

Der Wald liegt in **der Clenzer Schweiz,** ein lustiger Ausdruck, wenn man bedenkt, dass es sich um ein paar Hügel handelt, von denen keiner höher ist als 142 Meter. Unser Hügel befindet sich bei Starrel im Naturpark Elbhöhen-Wendland, einer eiszeitlichen Moränen-landschaft, die so dünn besiedelt ist wie sonst kaum eine Gegend in Deutschland. Dafür gibt es umso mehr ökologische Nischen, die Natur ist vielfältig und arten-reich. Ich sage nur: kein Lärm, saubere Luft.

Ganz früher haben hier Slawen gelebt, die bis ins 18. Jahrhundert Drawänopolabisch gesprochen haben, eine Sprache, die von germanischen und slawischen Einflüssen geprägt war. Vielleicht liegt mir mit meiner deutsch-polnischen Herkunft diese Landschaft auch deshalb so am Herzen …

Inmitten dieser bewaldeten Hügellandschaft steht zwischen gigantischen Buchen sozusagen auf dem »Gipfel« die regional berühmte »Blockhütte«. Für Spaziergänger, Radfahrer und Reiter heißt die Losung in der Clenzer Schweiz seit rund 70 Jahren: Alle Wege führen zur Blockhütte! In dem Wirtshaus haben auch wir unzählige Male Hochzeitssuppe, Strammen Max und dunkles Wendlandbräu, für die Kinder Schnitzel oder Milchreis bestellt. Und das ist schließlich genau das, wonach man sich nach einem ausgiebigen Wald-spaziergang sehnt, oder nicht?

Ich erinnere mich an einen Samstag im Frühling vor neun Jahren. Ich hatte in der Woche sehr viel gearbeitet, dank zwei Wickelkindern kaum geschlafen, um dann – endlich! – das Wochenende mit meiner Familie im Wendland zu verbringen. Ich machte mich darauf gefasst, dass ich auch hier kein Stück Erholung finden würde. Doch dann, am Samstagvormittag, fuhren wir nach einem ausgiebigen Frühstück alle zusammen in unseren »Blockhütten«-Wald.

Die Knospen und das grelle Grün ließen mein Herz sofort vor Freude hüpfen. Ich hatte bei dem Stress gar nicht gemerkt, wie sich der Frühling auf

Die Knospen und das helle Grün ließen mein Herz sofort vor Freude hüpfen.

4 × SPORT UND RELAXEN

KULTURELLE LANDPARTIE: Jedes Jahr zwischen Himmelfahrt und Pfingsten tummeln sich Ausflügler und andere Neugierige im Landkreis Lüchow-Dannenberg, weil sie die berühmte Kulturelle Landpartie nicht verpassen wollen. Vom Ökovortrag bis zum Kunsthandwerk, von Ausstellungen bis zum Kindertheater gibt es unendlich viele Veranstaltungen und Orte zu entdecken. Am besten mit dem Rad anreisen, irgendwo einmieten und dann Tagesausflüge unternehmen!

ANTIKCAFÉ: Die frisch gebackenen Torten und auch das Frühstück sind absolut köstlich in diesem niedlichen Café in Bergen an der Dumme. Es ist voller Rüschen und kleiner antiker Gegenstände, die man auch erwerben kann. Oben sind zwei saubere und gemütliche Zimmer bezugsfertig.

WALDSCHWIMMBAD IN BERGEN: Klares, weiches Wasser und Wiesen ohne Ende, eingesäumt von Bäumen: Das Waldbad in Bergen ist Kult. Morgens schwimmen die Älteren, tagsüber tummelt sich der ganze Landkreis am Becken. Und danach: »Pommes Schranke« und Naschkram am Kiosk.

HOTEL »NIGEL«: Auch wenn das Hotel mit Restaurant direkt an der Durchfahrtsstraße liegt, im Garten hinten ist es ruhig. Hier kann man gut essen, von heimischer bis mediterraner Küche. Drinnen wird auch gern mal auf der großen Leinwand Fußball geschaut. Der Chef kennt sich gut mit Weinen aus. Sehr kinderfreundliches Personal!

leisen Sohlen anschlich. Während unser Kleiner bei Opa in der Babytrage eingeschlafen war, streiften der Zweijährige und ich als Frühlingsdetektive durch den Wald. Wir entdeckten Schneeglöckchen, ließen kleine Käfer auf unseren Händen herumkrabbeln und hörten das noch scheue, zaghafte Gezwitscher der Waldvögel.

Auf einer sonnigen Lichtung breitete ich meinen viel zu dicken Mantel unter uns aus und schlug vor, die Wolken zu zählen. Und dann schaffte der Wald mühelos etwas, das mich jeden Mittag und jeden Abend Zeit und Nerven kostete: Er geleitete den Wirbelwind in den Schlaf. Das mochte uns später kaum jemand glauben. Aber so war es: Das quirligste, energiegeladenste Kind schlief ein. Einfach so.

In einer anderen Szene, die sich in meine Gedanken drängt, strampeln wir uns den Hügel auf Rädern hinauf. Die »Kulturelle Landpartie« ist in vollem Gang, im Landkreis sieht man fröhliche Fahnen und auch der Kampfgeist der Ritter von Gorleben wirkt durch frisch gestrichene Anti-Atom-Kreuze an den alten Höfen wie neu belebt. Wir freuen uns, dass wir es dieses Jahr auch endlich einmal geschafft haben, dabei zu sein.

Die Sonne scheint zwar nicht, aber die Stimmung ist euphorisch. Anstatt auf einem der Höfe einzukehren – es gibt überall Kuchen und viele vegetarische Köstlichkeiten –, bleiben wir Wald und »Blockhütte« treu und kehren ein – wie so oft. Wir sind nicht die einzigen.

Und dann vor nicht allzu langer Zeit der Schock: Betreiberin Silke Rühmann verlässt die »Blockhütte«. Sie will, wie sie sagt, »keinen Winter mehr frieren«. Verständlich, aber traurig! Die Liebhaber der Clenzer Schweiz warten sehnsüchtig auf einen neuen Betreiber ihrer Einkehr im Wald. Bis dahin werden wir mit Picknick vorliebnehmen müssen und bangen und hoffen, dass sich bald wieder jemand diesem besonderen Ort annehmen wird. ◂◂

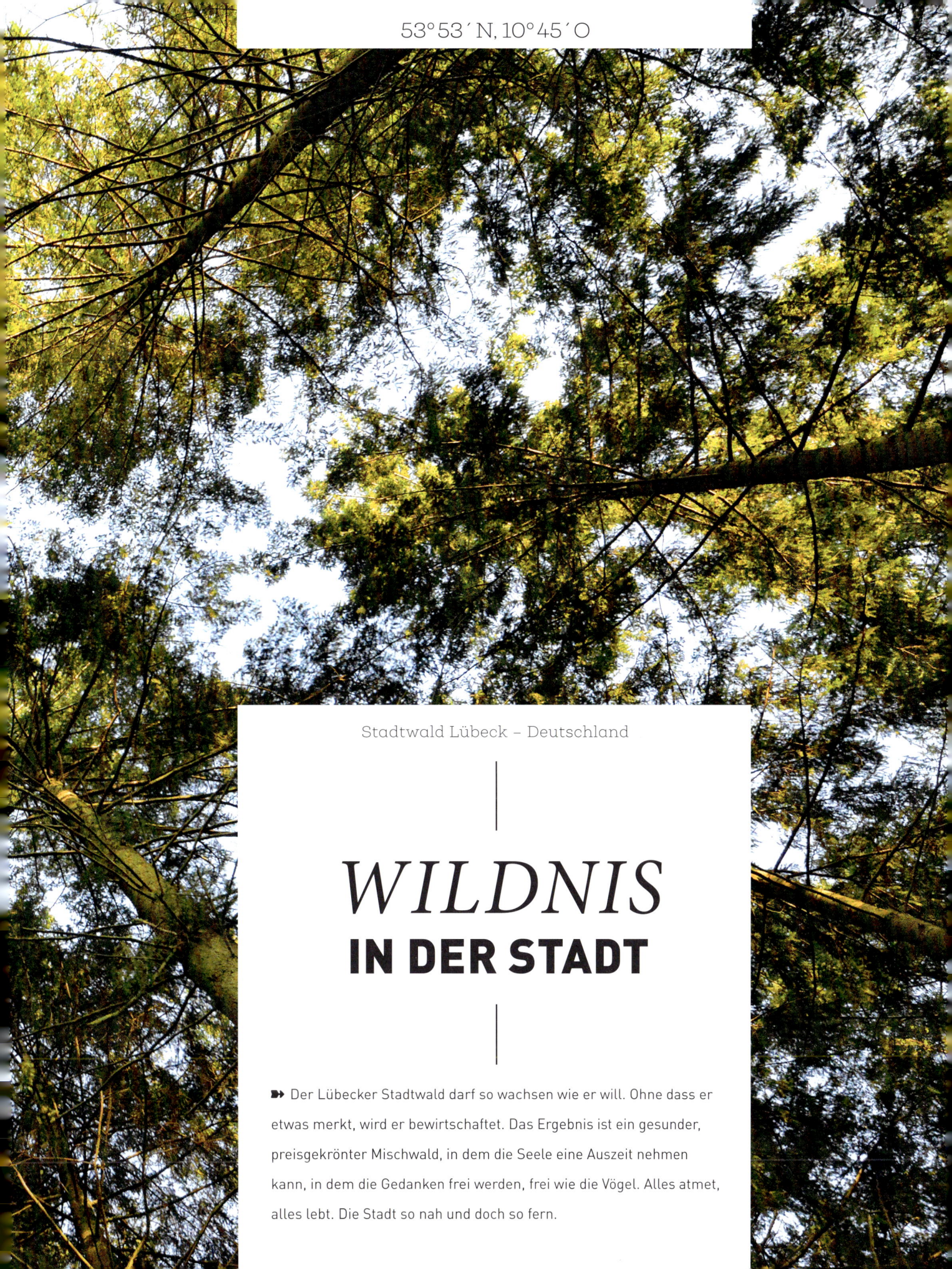

Stadtwald Lübeck – Deutschland

WILDNIS
IN DER STADT

➡ Der Lübecker Stadtwald darf so wachsen wie er will. Ohne dass er etwas merkt, wird er bewirtschaftet. Das Ergebnis ist ein gesunder, preisgekrönter Mischwald, in dem die Seele eine Auszeit nehmen kann, in dem die Gedanken frei werden, frei wie die Vögel. Alles atmet, alles lebt. Die Stadt so nah und doch so fern.

E

in Wald so gesund, so schön, so dicht, als wäre immer Sommer, als würde es keine Vergänglichkeit geben: Der Lübecker Stadtwald ist ein Juwel. Begonnen hatte alles vor knapp 25 Jahren: Ein Förster hatte sich ein Konzept erdacht, er vertraute der Natur, er war überzeugt, dass der Wald selbst am besten wisse, was gut für ihn ist, er wollte ihn wachsen lassen.

Der Förster wurde anfangs viel belächelt dafür, man schalt ihn einen Narren und einen Ignoranten. Gegen alle Widerstände setzte er sich durch – und hat recht behalten. Heute zeigt Lübeck der Welt, wie man waldwirtschaftet, ohne der Natur zu schaden. Man muss nur mal an einem lauen Tag durchs Dickicht wandern, die Erde vom Moos weich gepolstert wie ein Federbett, maigrün der Farn, in den Buchen klopft der Specht, Käfer bauen ihre Gänge und wimmeln am Boden, ein Tümplein dämmert still in seinem Bett. Es ist eine Freude, wie alles atmet, alles lebt.

vorige Seite Auszeit in der Stadt: einfach nur nach oben schauen.
links und Mitte Edelhölzer: Bis ins Ausland verkauft sich das Holz aus dem Lübecker Stadtwald und wie das Marzipan ist es berühmt für seine Qualität.
rechts Auch für die Vögel ist gesorgt: Hier können sie ganz ungestört brüten.
unten Gut ruhen: Die Stimmung atmen, eins sein mit dem Wald, auf einer Bank die Stille genießen. Die Stadt so nah und doch so fern.

Ein Wald so gesund, so schön, so dicht, als wäre immer Sommer, als würde es keine Vergänglichkeit geben.

Lübecks Konzept einer naturnahen Nutzung des Waldes gilt heute als revolutionär, der Stadtwald ist preisgekrönt. Aus ganz Europa kommen die Menschen, um das Resultat zu sehen, und während andere Städte noch immer möglichst effizient ihre Wälder gestalten, möglichst gerade, möglichst hoch, möglichst schnell, sucht sich die Natur hier ihre eigene Form. Es gibt keine Kahlschläge, keine Pestizide, keine Monokultur – stattdessen wächst ein natürlicher Mischwald. Wird ein Baum gefällt, dann ausschließlich in Handarbeit, Maschinen, die den Waldboden verdichten, sind tabu. Pferde ziehen das Holz zu den Wegen.

4600 Hektar umfasst der Stadtwald, er ist durchzogen von Wander- und Reitwegen, eine Perle darin das Lauerholz. Beim Spaziergang am frühen Morgen ist es gut möglich, dass man plötzlich einem Reh oder Wildschwein Auge in Auge gegenübersteht.

An der schönsten Stelle führt eine Brücke über die Medebek, hier leben Eisvögel, bewacht von hohen Eichen. Wenn man weiterwandert zu der Stelle, wo sich Buchenbergweg und Karlshöder Schneise kreuzen, trifft man auf den 22 Meter hohen Lebensbaum. Er wird zu Ostern und Weihnachten geschmückt. Wer mag, verweilt etwas auf der Bank, lehnt den Kopf zurück und schließt die Augen. Alles wird eins, eins mit dem Wald, er trägt einen fort und erzählt von der Zeit, als das alles noch Acker und Weide war. Erst Mitte des 19. Jahrhunderts wurde wieder aufgeforstet, seitdem wächst der Wald, er wächst und wächst, wächst wie ein gut genährtes Kind und ist gegen alle Zweifel erhaben. Dort, wo Eichen und Buchen fallen, drängt die nächste Generation Eschen, Ahorne und Ulmen ans Licht.

Etliche Auszeichnungen hat das Lübecker ökologische Forstkonzept inzwischen erhalten, Greenpeace,

rechts Lichtspiel: Wenn die Sonne in den Wald fällt, kommen die schönsten Details zum Vorschein. Alles glitzert, alles glänzt – die Welt, ein Märchenland.
Mitte Frühlingsgefühle: Wie ein Teppich bedecken Anemonen die Erde und beglücken mit zarter Schönheit das Herz.
ganz rechts Wegriesen: Noch schläft die Weide, während die Abendsonne ihre Rinde wärmt, aber schon bald wird sie zu neuem Leben erwachen. Waldwunder – immer wieder aufs Neue.

Alles atmet, alles lebt.

der BUND, Robin Wood und auch das Bundesumweltministerium unterstützen das Projekt. Aber es ist nicht allein die Schönheit, die den Stadtwald so besonders macht – für Schönheit allein kann man sich nichts kaufen. Das Holz aus Lübeck ist begehrt, bis ins Ausland wird es verkauft und wie das Lübecker Marzipan ist es berühmt für seine Qualität. Etwa eine Million Euro wird damit jährlich verdient, am Ende rechnet es sich sogar, wenig einzugreifen. Zehn Prozent des Stadtwaldes bleiben komplett unangetastet, man nennt die Areale Referenz- und Lernflächen, man könnte aber auch sagen: Hier wachsen die Urwälder von morgen.

Ein Tag im Stadtwald neigt sich dem Ende. Die Bäume erscheinen wie Scherenschnitte vor der untergehenden Sonne, Amseln schimpfen sich in den Schlaf, ein Jogger zieht seine letzte Runde. ◀◀

3 × DEM WALD AUF DER SPUR

EIN JAHR IM WESLOER FORST: Der Wesloer Forst ist Teil des Lübecker Stadtwalds; Er befindet sich zwei Kilometer östlich der Altstadtinsel im Stadtteil St. Gertrud. Man kann dort wunderbar wandern, reiten, Fahrrad fahren und wer es etwas professioneller angeht, nimmt an einer der vielen Forstführungen teil. Die werden von unterschiedlichen Stellen regelmäßig angeboten, Termine stehen im Internet. Ein großer Erfolg ist Jahr für Jahr der Walderlebnistag, er findet zumeist im Juni statt. An diesem Tag können auf der Katharinenwiese die Kinder dem Wald spielend begegnen. Und regelmäßig in der Adventszeit lädt der Holzhof an der Wesloer Straße zum Weihnachtsbaumverkauf – natürlich mit Bäumen aus nachhaltiger Forstwirtschaft.

WALDERLEBNISPFAD LAUERHOLZ: Unterwegs auf dem Walderlebnispfad – das ist im Lauerholz möglich. Erst vor wenigen Monaten eingeweiht, vermittelt er auf vier Kilometern Wissen rund um den Wald mithilfe von Hörspielen und auf Tafeln gezeichneten Comics. Und während die kleinen Kinder sich im Dialog mit Fuchs und Dachs lesend und tastend durch das gesammelte Waldwissen arbeiten, können die größeren ihr Smartphone für die Lauerholz-App bemühen – eine Art grünes Klassenzimmer, das den Wald multimedial erklärt.

WIKINGERSTUHL, EICHENBANK, LÄRCHENTISCH: Wer mag, holt sich den Lübecker Stadtwald ins Haus. Die Produkte stammen ausschließlich aus lokaler Produktion und werden gegen Absprache und Porto auch verschickt. Träger ist die Hansestadt Lübeck (*www.shop.luebeck.de*).

Harz – Deutschland

Frau Holle LÄSST DIE MUSKELN SPIELEN

➼ Es ist einer dieser Wintertage, an denen man besser noch mal nachsieht, ob die Schneeketten wirklich im Auto liegen. Der Wind pfeift und treibt den Schnee vor sich her. Die Fichten im Oberharz haben sich in steife, weiße Kleider gehüllt wie Bräute, die gleich vor den Altar geführt werden. Das sieht bezaubernd aus und doch zeigt die Natur gerade, wie mächtig sie ist.

Dampf und
Schneekristalle
in der Luft.

Von Monika Herbst

Die Räumfahrzeuge

haben keine Chance: Mit ihren orangefarbenen, blinkenden Lichtern und den großen Schneepflügen machen sie ordentlich was her. Doch ihr Werk verpufft in Sekunden. Kaum haben sie ein paar Meter Straße von Schnee befreit, tun sich Wind und Schnee zusammen und erobern die Fläche zurück. Die Welt ist komplett weiß. Für einen Moment haben wir Menschen das Zepter an die Natur abgegeben.

So mag es auch Arthur Ulrichs empfunden haben, damals vor mehr als 130 Jahren. Ein Schneesturm hatte Schäden an den Bäumen um den Harzort Braunlage angerichtet. Ulrichs sollte als zuständiger Oberförster den Schaden aufnehmen. Aber wie? Der Schnee lag meterhoch und er würde im Wald sofort einsinken. Er musste sich etwas einfallen lassen. In einer norwegischen Forstzeitschrift entdeckte er ein Foto mit Skiern und baute sie nach – aus Dauben alter Holzfässer mit einem Lederriemen für die Schuhe.

Mit unseren modernen Langlaufskiern haben wir es heute vermutlich deutlich leichter als der Oberförster. Mein Mann und ich starten unsere Tour im kleinen Ort Torfhaus im Oberharz.

Insgesamt gibt es im Harz 500 Kilometer Loipen, doch hier, im Nordwesten, sind die höchsten Berge – und der meiste Schnee. Torfhaus liegt auf gut 800 Metern Höhe. Besucher können hier in neuen, komfortablen Ferienhütten übernachten, sich im Besucherzentrum über den Nationalpark informieren oder auf den 1141 Meter hohen Brocken wandern, den höchsten Berg Norddeutschlands. Als wir an der Straße Richtung Altenau entlanggehen, liegt der Asphalt unter einer weißen Schneedecke, die Schilder sind zugeweht.

Von der Hauptstraße aus führt ein Weg in den Wald, südlich Richtung Oderbrück. Wir gleiten mit

vorige Seite Überall zischt, dampft und raucht es: Mehrmals am Tag fährt die Dampflok hinauf zum Brocken.
links Kein Loipenspurgerät in Sicht? Dann legen wir selbst den Weg. Glücklich, wer Gamaschen hat.
Mitte Perspektivenwechsel: die Fichte von unten und der Stempelkasten für Wanderer mit Winterhaube.
unten Was plätschert da? In den regenreichen, höheren Harzlagen entspringen zahlreiche Bäche und kleine Flüsse.

Der Schnee knirscht
unter den Füßen.

unseren Langlaufskiern in diese leise, gedämpfte Welt, die alle Farben und Töne verschluckt. Es ist ein bisschen wie in einem alten Stummfilm, monochrom und mit langen Einstellungen. Als plötzlich ein kleiner Vogel vor mir hochfliegt, erschrecken mich seine Flügelschläge. Sie sind schnell und – für diese Welt, die ansonsten so reglos und still ist – fast zu laut. Von einer Loipe ist hier nichts zu sehen. Wir stapfen wie mit Schneeschuhen durch den tiefen Schnee.

Schneeschuhe – so nannte auch Oberförster Ulrichs die Ski, die er 1883 erfunden hatte. Damals begann man im Harz und zeitgleich auch in anderen Bergregionen Deutschlands mit dem Skifahren. Es waren die Anfänge des Wintersports. Schon bald standen Damen in weiten, knöchellangen Röcken auf den Brettern. Wie beim Langlaufski war die Ferse damals noch nicht fixiert. Im Skimuseum, zwölf Kilometer entfernt in Braunlage, kann man sich Fotos und die ersten Skimodelle ansehen.

So weit kommen wir heute nicht. Da wir mühevoll unsere eigene Spur legen müssen, schaffen wir es nicht mal bis Oderbrück zu Timo und seiner Hütte »The Cabin«. Timo hat seinen Direktorenposten in einem Luxushotel eingetauscht für eine eigene Hütte im Wald. Nach Stationen

unter anderem in Dubai und Berlin hat er sich für den Harz entschieden und bietet dort akkurat gemachte Betten für Übernachtungsgäste und warme Nussschnecken für durchgefrorene Langläufer an.

Am Oderteich holen wir unsere Thermoskannen raus und trinken heißen Tee. Die Ski behalten wir an, um nicht im Schnee zu versinken. Wir hören ein Motorengeräusch, ein Loipenfahrzeug biegt um die Ecke. Wir können unser Glück kaum glauben: Der Rückweg nach Torfhaus ist frisch gespurt – exklusiv für uns, sonst ist bei dem Wetter kein Mensch unterwegs. Entspannt und leicht gleiten wir über den Schnee. Doch die frisch gespurte Loipe ist die letzten Meter vor unserem Ziel schon nicht mehr zu sehen. Wind und Schnee haben sie wieder zugedeckt. ◄

HARZREISE IM WINTER – SO NANNTE GOETHE EIN GEDICHT

3 × WINTERGLÜCK

SKI / SNOWBOARD: Die beiden Flensburger sind begeistert. Sie wussten nicht, dass man in Norddeutschland so gut Ski fahren kann. Seit Dezember 2013 führt auf den 971 Meter hohen Wurmberg in Braunlage zusätzlich zur Seilbahn ein moderner Vierersessellift. Hier, im größten Skigebiet des Harz, gibt es auch eine schwarze Piste. Weitere Hotspots: Bocksberg/Hahnenklee und Matthias-Schmidt-Berg/St. Andreasberg.

RODELN: Früher flitzten hier die Rennrodler die Eisbahn hinunter – heute zieht es vor allem Familien auf die mit 1600 Meter längste Rodelbahn im Harz am Wurmberg. Von Braunlage aus geht es bequem per Seilbahn nach oben. Start ist an der Mittelstation, wo mittags das »Rodelhaus« mit Ferienzimmern und Slowfood-Küche lockt. Auch attraktiv: die Rodelbahn am Bocksberg in Hahnenklee mit 1500 Meter Länge.

SCHLITTSCHUH: In den 1920er-Jahren gehörte Schierke zu den gefragtesten Wintersportorten Deutschlands. Mit der neuen Eislaufarena wird an alte Zeiten angeknüpft: Tribüne und Wettkampfturm des früheren Natureisstadions werden durch das futuristische Dach eines renommierten Architekturbüros ergänzt. Jetzt kann man auch bei schlechtem Wetter im Freien Schlittschuh laufen, ohne nass zu werden.

IM
Schlaraffenwald

Von Andrea Schwendemann

Meine Nase weiß zu-
erst, wann das kulinarische Waldjahr beginnt: Anfang
März. Dann duftet es in den humusreichen und feuchten Buchen- und Auenwäldern nach Knoblauch. Es ist
Bärlauchzeit. Mit einem kleinen Messer ausgerüstet
schneide ich die zartgrünen Blätter ab, rieche daran,
um sicherzugehen, dass kein Maiglöckchen und keine
Herbstzeitlosen in meinem Körbchen landen. Auf dem
Weg nach Hause halte ich Ausschau nach anderen wilden Leckereien wie Birkenknospen und Waldsauerklee
für den Salat. Den gibt es zum Bärlauchpfannkuchen.

Ich liebe es, den weichen Waldboden unter meinen
Füßen zu spüren, den Vögeln zu lauschen, das würzige
Moos zu riechen – stets auf der Suche nach Essbarem.
Mein Schlaraffenwald liegt in einem idyllischen Schwarz-
waldtal, nur knapp 20 Kilometer von Freiburg entfernt, und hat alle möglichen Geschmacksrichtungen
im Sortiment.

Ab Ende Mai duftet es an einigen Stellen lieblich.
Der Holunder blüht – er ist oft am Rand meines
Waldes zu finden. Aber es lohnt, ein bisschen tiefer
hineinzugehen und auch schon mal einen Hang hin-
aufzukraxeln, da sind die Dolden dicker. Deshalb bin
ich für meine Holder-Expedition mit langen Hosen
und langärmligem Pullover gerüstet, das schützt vor
Zecken und Brennnesseln. Mit gefüllter Blütentüte
gehe ich beschwingt nach Hause und freue mich schon
auf die Holunderküchle.

Nicht süß, sondern harzig und säuerlich schmecken die Triebe der Fichte Anfang Juni, die ich zu
Fichtennadelsirup verarbeite (siehe Rezept). Ich
sammle einige Sprösslinge von jedem Baum, gerade so
viel, wie ich selbst brauche. Das gilt nicht nur für die
Triebe dieses Nadelbaums, es gilt für alles, was ich aus
dem Wald hole. Und ich ernte nur dort, wo ich den
Förster oder Waldbesitzer kenne und um Erlaubnis
gefragt habe.

Ab Mitte Juni, Anfang Juli wird der Wald zu einer
kunterbunten Speisekammer: Die roten, kleinen
Walderdbeeren schmecken am besten, wenn man
sie direkt vernascht. An einem warmen Vormittag
sammle ich die hübschen weißgelben Lindenblüten
und trockne sie für den Winter. Der Tee hilft gegen
Erkältung. Himbeeren und Brombeeren koche ich zu

Ab Mitte Juni, Anfang Juli wird der Wald zu einer kunterbunten Speisekammer.

Marmelade. Aus den orangeroten Hagebutten, die ich am Wegesrand finde, wird ein Chutney. Die Holunderbeeren haben inzwischen eine satte, schön dunkelrote Farbe, die hält sich auch im Saft noch lange.

Spätestens ab August gehe ich gebückt durch den Wald. Dann sprießen die Pfifferlinge. Häufig sind sie unterm Dickicht und im Moos zu finden, das ist manchmal beschwerlich. Beschwerlich schön. Denn dabei nehme ich die unendlich vielen unterschiedlichen Grüntöne und Gerüche wahr. Waldmeditation mit Pilzbelohnung.

Irgendwann verschwinden die Pfifferlinge – doch mein Blick bleibt weiter auf den Boden gerichtet. Ich sammle Bucheckern, Haselnüsse, Esskastanien. Es ist Herbst, meine Eichhörnchengene erwachen. Was jetzt reif am Boden liegt, bringe ich in Sicherheit. Im Gegensatz zu den Eichhörnchen finde ich meine Schätze (meist) wieder. Sie kommen im Lauf des Winters auf den Tisch. Feldsalat mit gerösteten Bucheckernsamen, Haselnussbrot. Und aus den *Keschte*, wie die Esskastanien in Süddeutschland heißen, mache ich eine köstliche Kastaniensuppe.

Mein kulinarisches Waldjahr geht zu Ende. Der Forst hält Winterruhe. Doch manchmal, wie im letzten Dezember, kommt der Wald doch noch einmal überraschend auf den Tisch: als Rehbraten. Der Jäger in unserem Tal hat ihn eines Tages vorbeigebracht. Das Fleisch schmeckt nach all den Pflanzen, von denen das Reh im Laufe des Jahres genascht hat: Holunder, Buchentriebe, Tannenschösslinge, Lindenblätter, Brombeeren, Eicheln …

Fichtennadelsirup

DAS BRAUCHEN SIE 500 Gramm Fichtentriebe – Saft einer Zitrone – 175 g Zucker

SO WIRD'S GEMACHT 1. Fichtentriebe waschen und trockentupfen. Mit etwa 1,5 Liter Wasser in einen Topf geben und aufkochen, dann 15 Min. auf kleiner Flamme köcheln lassen. 2. Die Fichtentriebe abseihen und die Flüssigkeit mit Zitronensaft und Zucker nochmals aufkochen. 3. In saubere, sterile Flaschen füllen, so ist der Sirup lange haltbar. 4. Schmeckt mit Wasser gemischt als Limo oder als Dip zu Käse.

Abendstimmung, Odenwald

{ SCHICHT für *Schicht*

des Waldes in mildes **Licht** getaucht }

Nationalpark Hainich – Deutschland

DAS GRÜNE HERZ
Deutschlands

➥ Einst ein unbekannter Fleck, der auf keiner Wanderkarte zu finden war, ist der Hainich heute Nationalpark und Weltnaturerbe. In diesem ursprünglichen Buchenwald darf die Natur die Regeln aufstellen und wir dürfen zu einer Zeit Gast bei ihm sein, in der er mehr Grüntöne zeigt, als jedes Handy-Display darstellen kann.

Von Jens Franke

Die Nacht im Forst-
haus Thiemsburg im Hainich-Nationalpark endet
vor Sonnenaufgang. Weder unser treuer Begleiter Aiko, ein
siebenjähriger Husky, noch die Personen im Nachbarzimmer
sind der Grund für unser frühes Erwachen. Es ist eine Schar
Vögel, die voller Inbrunst den neuen Tag begrüßt. Wir drehen uns
genüsslich noch ein paar Mal von links nach rechts, während das
Konzert vor dem Fenster immer vielschichtiger wird.

Lediglich mit T-Shirt und kurzer Hose bekleidet trete ich vor
die Tür. Meine Freundin Lena hingegen hat eine lange Hose und
noch eine Jacke an. Zugegeben, es ist wirklich noch frisch, aber es
ist diese angenehme Frische, gepaart mit der klaren Luft, die all
die Kraft transportiert, die zu dieser Jahreszeit im Hainich steckt.
Es ist Mitte Mai. Wir haben keine feste Route für heute, sondern
wollen uns treiben lassen. Wie damals bei meinem ersten Besuch
im Jahr 2011, kurz nachdem die UNESCO den Hainich zum
Weltnaturerbe erklärt hatte.

Heute lassen wir Aiko entscheiden, er gibt die ersten Minuten
die Richtung vor. Anfänglich wandern wir auf dem Naturpfad
Thiemsburg und folgen dann einem Pfad, der sich grob Richtung

Westen windet. Gefühlt würden wir schneller vorankommen, wenn wir Schnecken folgen würden. Aber wir haben keine Eile, atmen tief ein und genießen die Ruhe. Aikos Nase arbeitet auf Hochtouren und ich frage mich, ob er in seinem Atlas an Gerüchen noch einen Eintrag unserer damaligen Wanderung hat. Selbst unsere deutlich weniger ausgebildeten Nasen nehmen einen ganz bestimmten Geruch in höchster Intensität auf: Der Duft von Bärlauch strömt unter dem Blätterdach vieler alter Buchen in unsere Nasen. So weit das Auge reicht, ist der Boden grün bedeckt

vorige Seite Die ersten Sonnenstrahlen treffen auf ein Meer von Bärlauch.
links Das Tor zum Hainich bei Weberstedt.
Mitte In totem Holz steckt viel mehr Leben, als man denkt.
unten Der Blick vom Baumkronenpfad über das endlose, grüne Dach des Hainichs.
ganz unten Bärlauchblüte in ihrer vollen Pracht.

{ Den Blickwinkel verändern }

UND DIE GUTE LUFT GENIESSEN.

Die Natur zeigt ihre ganze Kraft.

und mit vielen kleinen weißen Farbtupfern verziert. Die Erinnerungen kommen wieder. Die »Hainich-Baude«, eine herrlich urige Hütte, ist zu sehen und willkommener Anlass für ein erfrischendes Getränk und eine Brotzeit.

Von nun an folgen wir dem Welterbepfad, ein knapp zehn Kilometer langer Rundweg, der laut Beschreibung einen Einblick in die Wildnis des Hainich-Nationalparks bietet. An wenigen Orten fühle ich mich so wohl wie in den Wäldern. Sie sind ruhig und wild zugleich. Und so geheimnisvoll, dass ich täglich Neues in ihnen entdecken kann. Immer tiefer gelangen wir in den Wald. Kleine Bäume mit einem Durchmesser von gerade einmal fünf Zentimetern bis hin zu großen mit problemlos einem Meter säumen den Weg. Mehrmals wandern meine Augen von den Stämmen gen Himmel. Alle Bäume haben ein Ziel: wachsen, um zu überleben. Aber auch am Boden tummelt sich das Leben. Wenn ich mich nicht irre, wird hier nichts weggeräumt oder aufgeforstet. Jedenfalls sehen wir jede Menge Totholz, das genügend Raum für neues Leben von Pflanzen und Tieren bietet.

So viel Leben an einem Ort, der zu Zeiten der DDR praktisch nicht betreten werden konnte. Er war militärische

links Die ersten Sonnenstrahlen finden ihren Weg durch das Blätterdach.
Mitte Blick auf den Baumkronenpfad.
rechts Husky Aiko schließt Freundschaft mit einem Esel.

Sperrzone. Diese Wunden konnte man 2011 noch an einigen Stellen sehen. So erinnere ich mich an Schilder in der Nähe des Wildkatzendorfes Hütscheroda, die das Verlassen der Wege strengstens untersagten – es drohe Lebensgefahr aufgrund der ehemaligen militärischen Nutzung des Geländes. Doch auf unserer heutigen Wanderung verdecken zigtausend Nuancen an Grüntönen die dunkle Vergangenheit, die Natur zeigt ihre ganze Kraft und wir sind dankbar, in diesem einzigartigen Buchenwald unterwegs sein zu dürfen. ◀◀

ÜBER DEN WIPFELN DES WALDES – UND GAUMENFREUDEN IM HAINICH-NATIONALPARK

4 × AUSSCHWÄRMEN UND GENIESSEN

BAUMKRONENPFAD: Selten lässt sich mit einer so minimalen Kraftanstrengung der Blickwinkel auf etwas so Bekanntes ändern. Auf einem halben Kilometer laden zudem viele lehrreiche Stationen dazu ein, mehr über den Lebensraum Hainich zu erfahren. Besonders in Erinnerung ist mir eine Tafel geblieben, auf der die Zehntklässlerin Diana B. Natur mit den Worten »Wildnis ist die Freiheit der Natur« beschreibt.

BESTE BRATWURST: In Zeiten des Marketings sind einprägsame URLs Gold wert. »www.beste-bratwurst.de« steht in grüner Schrift auf gelbem Grund über dem Stand bei der Thiemsburg. Die Bezeichnung erlaubt man sich aufgrund einer Umfrage seitens der »Thüringer Allgemeine«, die im Jahr 2003 ihre Leserschaft nach der besten Thüringer Bratwurst fragte. Dieser Entscheidung kann ich mich nur anschließen!

CREUZBURGER KÄSEMANUFAKTUR: In idyllischer Ruhe vor den Toren von Creuzburg liegt das Stiftsgut Wilhelmsglücksbrunn. Ein Highlight an diesem herausgeputzten Ort ist die Käsemanufaktur, die nach Bioland-Richtlinien mit ihrer Lacaune-Milchschafherde das Land bewirtschaftet. Eine besondere Empfehlung möchte ich für den Blauschimmelkäse *Creuzburger Blauer* aussprechen.

EISENACH: Wer den Hainich besucht, sollte sich die Zeit nehmen und auch die Wartburgstadt Eisenach besuchen. Neben der geschichtsträchtigen Wartburg begeisterte mich das Bach-Haus, das einen famosen Überblick über das Lebenswerk des Komponisten gibt. Wer danach noch Lust auf einen gemütlichen Biergarten mit rustikalen Speisen hat, ist im Gasthof »Am Storchenturm« gut aufgehoben.

Eifel – Deutschland

AUF DEN PFADEN DER
KINDHEIT

➡ Die Beschilderung des Traumpfads »Heidehimmel Volkesfeld« mutet an wie eine gut kuratierte Ausstellung: Sie erschließt dem Besucher eine wild-romantische Natur und die Geschichte eines Volkes, das lang auf sich gestellt war. Aus Verzicht wurde hier Größe, aus Armut gedieh Kreativität. Ich wuchs mit diesen Wäldern auf.

Von Sandra Freudenberg

Du findest genau, **was du brauchst<<,** wusste meine Großmutter. So machte ich mich auf die Suche nach Veilchenwurzeln, als ich Zahnweh hatte. Noch schöner war es, den »Wohlgemut« – man nennt ihn auch Dosten – genau dann zu entdecken, wenn ich einmal traurig war. Er vertreibt bekanntlich böse Geister und sein Tee stimmt heiter.

Am Sauerbrunnen, einer eisenhaltigen, munter sprudelnden Heilquelle, beginnt die Tour auf dem Traumpfad »Heidehimmel Volkesfeld«. Das leicht säuerlich schmeckende Wasser ist schön kalt und voller Mineralstoffe. Meine Familie schwört, dass unsere eisenharte Gesundheit von diesem Wasser herrührt.

Es lohnt sich, hier die Flaschen aufzufüllen. Denn jetzt kommt die gute Nachricht: Auf den nächsten zehn Kilometern befindet sich kein Gasthaus. Und daher begegnet man zwar Füchsen und Hasen, jedoch kaum Menschen.

Ich steige einige wenige Höhenmeter auf in die Wacholderheide. Auf den federnden Böden wandert es sich leicht. Zufrieden atme ich die würzige Luft ein: Kiefern und Wacholder verströmen ihren Duft so intensiv, weil der poröse Schieferuntergrund die Luft schnell wärmt und die Aromen zum Tanzen bringt.

Der Grund für die karge Beschaffenheit des Bodens liegt schon einige Jahrhunderte zurück. Politische Ränkespiele, die schließlich in den Dreißigjährigen Krieg mündeten, führten zur grausamen Verwüstung der Eifeldörfer. Der Adel beanspruchte die Tiere und Früchte des Waldes und des Feldes für sich, billigend in Kauf nehmend, dass Volk und Vieh erbärmlich hungerten. Noch weit in die Neuzeit hinein bekamen die Kinder schulfrei, um mit ihren kleinen Händchen im Wald Gras für die Kühe zu rupfen und das Laub für die Stalleinstreu zu sammeln. Viele Bäume wurden gefällt, ihr Holz diente zum Einschüren der Eisenhütten.

Später weideten riesige Schafherden
in den abgeholzten Forsten und ließen
schließlich nur stachelige und borstige
Gewächse übrig. Heute stehen hier Kiefern, durchsetzt mit wilden Obsthölzern,
Beerenbüschen, in denen muntere Vögel
leben, Wacholder und flammendes Erika.
Ein Sinnbild der Not von einst, heute einmalig schön. Immer wieder sieht man aber
auch Nadelwaldbäume – wie Soldaten stehen sie stramm und reserviert. Sie wurden
von »den Preußen« angepflanzt. Für die
Eifler kein Gewinn, denn darunter wächst
wenig Nahrhaftes, das Holz ist schwach
und die Nadeln taugen nicht fürs Vieh.

Hunger, Seuchen und die Scham über
den erbärmlichen Zustand der Heimat
hatten die Eifel immer weiter ins Abseits
geschoben. Sie wurde zum vergessenen
Land, zu einem unerschlossenen Land.
Schließlich entdeckten die Spätromantiker
das, was sie »raue Schönheit« nannten. Die
Düsseldorfer Malerschule erlebte diese
Landschaft als Inspiration und heute sind

vorige Seite Heidelandschaft rund um die
kleine Gemeinde Volkesfeld.
links Das Flüsschen Nette bahnt sich
seinen Weg zum Rhein.
Mitte Schätze aus dem Wald: Kinder sam-
melten einst Moos und Gras zum Ein-
streuen für das Vieh und Brombeeren zur
Herstellung von köstlicher Marmelade.
rechts Blühende Schlehenhecke: Im
Spätherbst können die Früchte geerntet
werden.

es Kölner Künstler, die in die Eifel ziehen: Bildhauer, Schriftsteller und Musiker treffen sich an verwegenen Plätzen und organisieren Kultur-Events.

Vor mir liegt der alte, vertraute Pfad, den ich an der Hand meiner Großmutter gewandert bin. Sie zeigte mir, wo die Schlehenhecken besonders satte Früchte trugen und ich finde die Hecken auch jetzt noch im Schlaf. Der Weg kehrt sich später und wendet sich Richtung Ausgangspunkt. Das ist der »Brämele«-Pfad, er heißt so, weil meine Mutter ihn so nannte. Hier fanden wir Brombeeren – genug für ein Jahr Marmelade.

Nach drei Stunden Traumwanderung komme ich zurück zum Heilbrunnen, froh um den guten Trunk, den kein Wirtshaus der Welt bietet. Und froh zu wissen, welche Geschenke der Wald bietet. ◂

Meine Großmutter zeigte mir, wo die Schlehenhecken satte Früchte tragen.

4 × ZUHÖREN UND BEGREIFEN

FÜR SAMMLER: Sammeln Sie einfach alles, was Ihnen gefällt und nicht unter Naturschutz steht. Zum Beispiel <u>Äste mit Flechten und Kiefernzapfen</u>. Die Strukturen zu bewundern macht große Freude. Erkennen Sie Waldmeister? Er wächst hier üppig und ist gut gegen Motten – noch besser aber als Waldmeisterbowle. Im August und September sind die <u>Heidelbeeren</u> so weit. Die Eifler bereiten aus den Blättern Tee, der gegen Halsweh und Durchfall hilft.

DER KLANG DER MORGENGLOCKE: Die <u>Abtei Maria Laach</u> nimmt Gäste auf – für Benediktiner ist Gastfreundschaft ein hohes Gebot. Das Kloster liegt eingebettet in einem uralten Wald, der den Klang der Morgenglocken sanft wiederhallt. Ein Klangbild, das zu innerem Frieden führt. Die Brüder verfügen über eine besondere Musikalität und die Gesänge zur Orgel sind nahezu göttlich.

DÖPPEKOCHE: Das köstlichste Gericht der Eifel ist der *Döppekoche*. Er besteht im Wesentlichen aus <u>geriebenen Kartoffeln</u>, die in einem gusseisernen Gefäß kross gebraten werden.

UMGANGSFORMEN: Es wird wirklich immer gegrüßt: »Morje« am Morgen und »Tach« ansonsten. »Wie is et?« wird mit »Jot un selbst?« beantwortet. Unpässlichkeiten scheint der Eifler nicht zu kennen.

Odenwald – Deutschland

DIE VIER
Jahreszeiten

➡ Kurzurlaub im Odenwald. An der milden Bergstraße geht es hoch ins Mittelgebirge. Dichte Buchen- und Buchenmischwälder und Waldgemeinschaften aus Ulmen, Linden und Ahorn prägen die Landschaft, die durchzogen ist von Bächen, unterbrochen von Streuobstwiesen, Magerrasenflächen, Tal-Auen und Mooren.

Von Jana Steingässer

Ich habe gezählt. Das heißt, ich **weiß jetzt genau,** wie viele Schritte ich von meiner Haustür aus gehen muss, bis mein Urlaub beginnt. Auszeit vom Alltag im Wald hinter meinem Haus im Odenwald. 241 Schritte, steil bergauf, vorbei an der kleinen Dorfkirche von Malchen, die bereits im Mittelalter zu Füßen der Burg Frankenstein thronte. Innehalten an der knorrigen Dorflinde. 241 Schritte, und vor mir beginnen die Buchenwälder der hessischen Bergstraße, nordwestlicher Ausläufer des Geo-Naturparks Bergstraße-Odenwald.

Ein weiß leuchtendes Spektakel überzieht im Frühjahr die hügeligen Wiesen der Bergstraße – zarte Blüten der Kirschbäume, duftende Zeugen des unumstößlichen Winterendes. Auch Mandeln und Aprikosen, Forsythien und Magnolien blühen Wochen früher als im Rest des Landes. »Hier fängt Deutschland an, Italien zu werden!«, befand Kaiser

vorige Seite und links unten Junge Buchen-
blätter begrüßen den Frühling. Im Sommer grasen Kühe auf den fetten Weiden.
links Giftige Schönheit: Herbstzeitlose
zwischen Wiesengräsern.
rechts oben Bergahorn wächst wild im
Mittelgebirge, aber auch in Parks und
Alleen.
unten Kirschblüte, weltweit Symbol des
Frühlings, an den Ausläufern des Oden-
waldes.

Joseph II. nach seiner Krönung in Frankfurt. Son-
nenverwöhnte Hügel, flankiert von Esskastanien, an
deren Zweigen köstliche Maroni reifen. Je tiefer ich in
den Odenwald vordringe, umso verwunschener die
Wälder. Noch tragen die Rotbuchen kahle Kronen auf
ihren langen Stämmen. Sonnenstrahlen, gebündelt wie
goldenes Stroh, fließen zwischen den Baumriesen hindurch und erwecken die Frühblüher am Boden zum
Leben. Buschwindröschen bilden einen bezaubern-
den Teppich aus weißen Sternen. Scharbockskraut,
Huflattich und Lerchensporn nutzen die lichte Stunde,
bevor das dichte Blätterdach sich über ihnen schließt.
Ein Fuchs huscht in seinen Bau, als ich mich auf dem
weichen Waldboden fast geräuschlos nähere. Rhyth-
misches Klopfen begleitet meine Wanderung: Bunt-,
Grün- und seltene Schwarzspechte werben fleißig um
Weibchen.

Mittlerweile naht der Sommer. Das dichte Blätterdach der Buchen sorgt für wohltuend kühle Schat-
teninseln in der zunehmenden Hitze. Steil bergan

radle ich auf dem sagenhaften Nibelungensteig, der sich über 130 Kilometer auf den Spuren von Rittern und legendären Riesen von Zwingenberg bis in den tiefen Odenwald zieht. Vom Felsberg aus ergießt sich das Felsenmeer durch seltene Blockschuttwälder die Hügel hinab. Wie vergessene Zeugen der Antike liegen Werkstücke römischer Steinmetze zwischen den runden, moosigen Quarzdioritblöcken. Im Kreise einer besonders edlen Waldgesellschaft aus Sommerlinden, Bergulmen und Bergahorn auf der Melibokus-Kuppe gönne ich mir eine Pause.

Wenn der Indian Summer Einzug hält, verliebe ich mich jedes Jahr aufs Neue in den Odenwald. Mit einem Farbfeuerwerk verabschiedet sich der Buchen- und Buchenmischwald, bevor er sich in winterliches Schweigen hüllt. Meine Islandstute wirbelt in flottem Tölt durch kniehohes Laubgold der Ruine Rodenstein entgegen. Rehe heben kurz die Köpfe und sehen uns nach, scheinbar ohne Scheu. Zwischen der Neunkirchner Höhe und dem Berg Rimdidim verstecken sich die Überreste der Hangburg aus dem 13. Jahrhundert zwischen mächtigen Baumriesen mit ausladenden Kronen. Eine Hochzeitsgesellschaft zieht zum Festschmaus weiter zum Hofgut Rodenstein. Zum Glück ist es mein Pferdchen nicht anders gewöhnt und lässt sich brav vor dem Landgasthof anbinden.

Ein ganz besonderes Stück Odenwald zieht im Winter bei mir ein. Zwischen Schwanheim und Eberbach wähle ich meinen Weihnachtsbaum aus, schlage ihn selbst und stärke mich anschließend bei der Verköstigung am Lagerfeuer mit Leckereien aus dem Wald. Betörender Harzduft meiner dichten Weihnachtsfichte begleitet mich auf dem Weg zur Waldweihnacht in der Kapelle bei Hering unterhalb der Veste Otzberg. Posaunenklänge, Kerzenflackern, Innehalten an der Waldkapelle. Ich bin sicher, dass so manches wilde Waldtier unbemerkt zwischen den winterlich kahlen Bäumen in der Dunkelheit der Dezembernacht der Weihnachtsbotschaft lauscht und vom nahenden Frühling träumt. ◀◀

oben Entlang herbstlicher Streuobstwiesen: Diese traditionelle, extensive Form des Obstanbaus bietet bis zu 5000 Tier- und Pflanzenarten einen Lebensraum.
Mitte Goldregen: Beim Herbststurm fallen die letzten Blätter des Jahres.
rechts oben Farb- und Lichtspiele direkt hinter der Haustür.

Wer Indian Summer erleben will, muss kein Flugzeug besteigen.

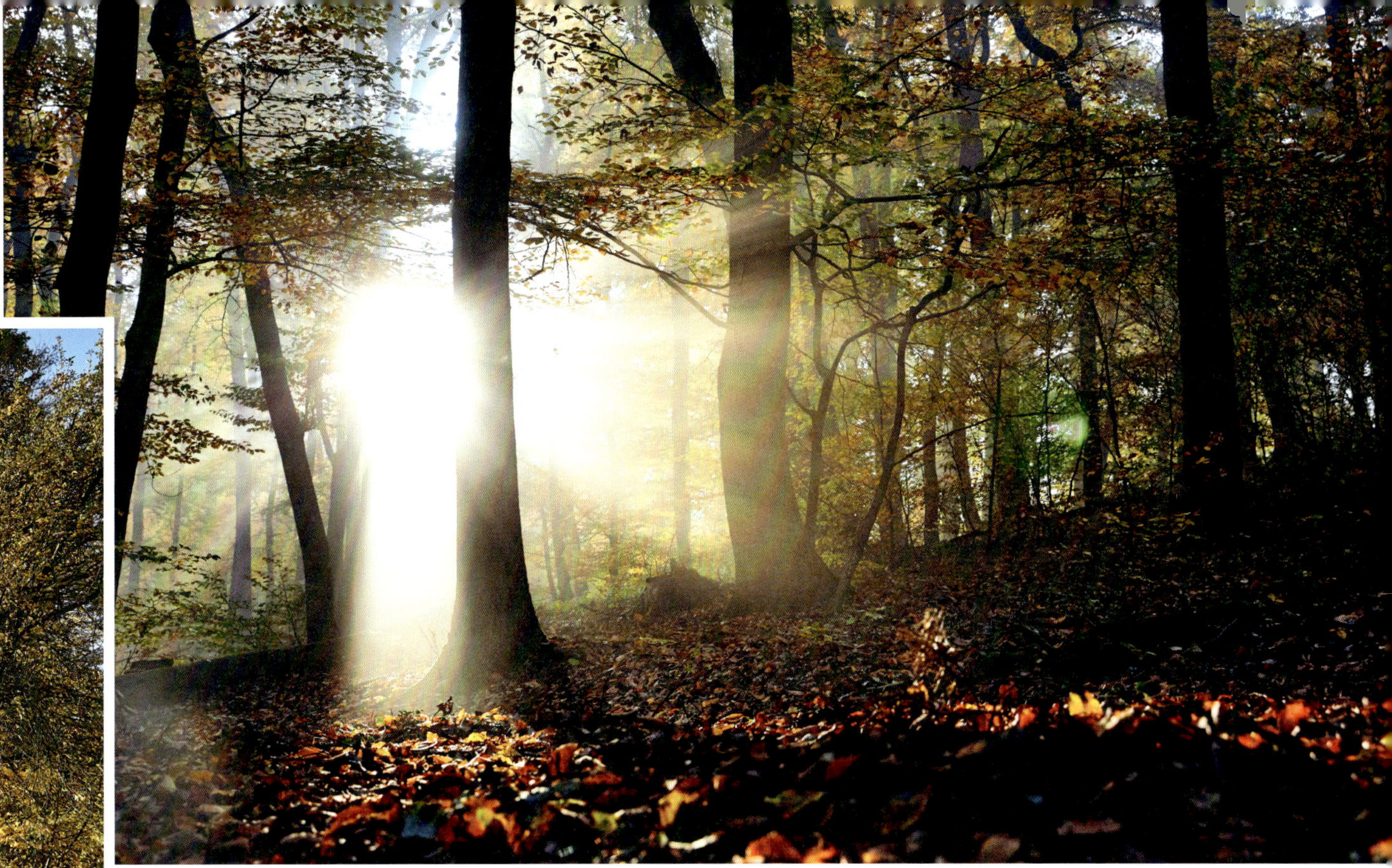

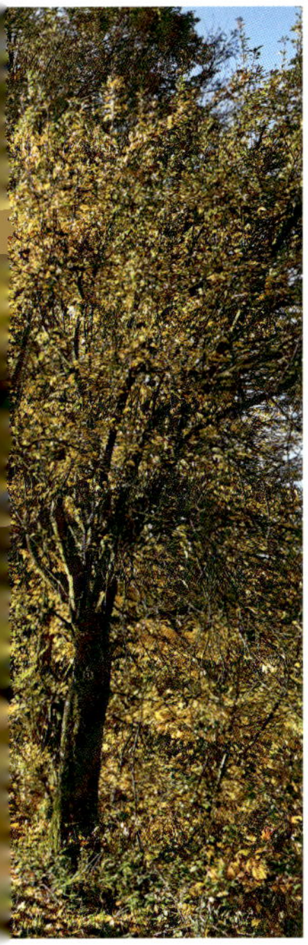

BEWEGEN IN DER NATUR UND EIN ORDENTLICHER HANDKÄS

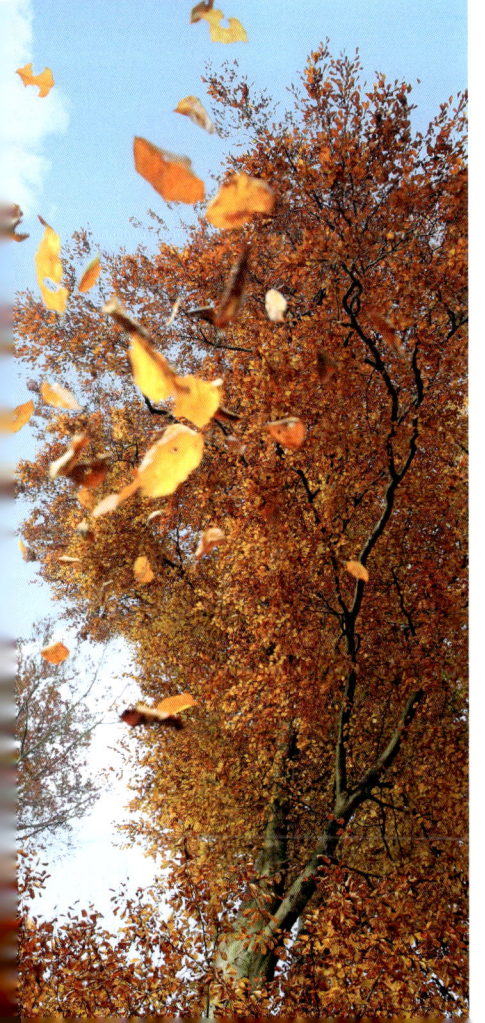

4 × ODENWALD GENIESSEN

MIT DER SOLARDRAISINE: Über historische Viadukte, durch Wälder und Tunnel, mit fantastischem Weitblick: Eine der schönsten denkmalgeschützten Bahnstreckenabschnitte Europas verläuft zwischen Mörlenbach und Wald-Michelbach. Über zehn Kilometer bequem zu erkunden mit der Solardraisine.

AM FELS: Die im Wald verstreuten Granitblöcke des Felsenmeeres sind schon lange kein Geheimtipp mehr, sie gelten als eines von Deutschlands schönsten Boulder-Paradiesen. Einen Sommertag abwarten, Freunde und Picknick einpacken und das Crashpad nicht vergessen!

VOM WASSER AUS: Kanutouren auf den Flüssen Neckar und Jagst eröffnen einen ganz besonderen Blickwinkel auf den südlichen Odenwald. Vorbei an Burgen, durch malerische Landschaften, entlang geschichtsträchtiger Städte. Geführt oder im Alleingang, ein paar Stunden oder mehrere Tage lang.

FÜR DAS LEIBLICHE WOHL: Wann immer ich durch den Odenwald streife, meldet sich unerträglicher Appetit auf lokale Spezialitäten: »e Dibbsche Kochkäs mit Musigg«, Handkäs mit frisch gebackenem Bauernbrot und »e Schöbbsche« herrlich erfrischender Apfelwein aus den Äpfeln Odenwälder Streuobstwiesen.

Bayerischer Wald – Deutschland

DER GLÄSERNE
Wald

➥ Ganz viel »Wildnis dahoam« lässt sich im Nationalpark Bayerischer Wald aufspüren: windumspielte Gipfel und ruhige Seen, abgeschiedene Hochweiden und geheimnisvolle Hochmoore. Und wenn die wilde Wetterküche richtig aufdreht, eist für wenige Stunden auch schon mal der zartgrüne Frühlingswald ein …

Von Nadine Ormo

Das Bemerkenswerte passierte über Nacht: Der Wald war unter einem Eispanzer erstarrt. Zwei Tage waren wir da schon im Nationalpark Bayerischer Wald unterwegs, auf einer 110 Kilometer langen Durchquerung vom nordwestlichen Ende in Bayerisch-Eisenstein zum südöstlichsten Zipfel bei Mauth. Die ersten Maitage ließen die Buchen gerade in frischem Atomic-Green leuchten. Und prompt sackten die Temperaturen noch einmal unter null. Damit machte der Bayerische Wald seinem etwas zweifelhaften Klimaruf alle Ehre: »Nei Monat Winter, drei Monat koid – des is da Woid« – eine alte Redensart der Einheimischen, die man hier und da auch heute noch hört.

Schon am Vortag, im Moor, hatte sich ein spektakuläres Schauspiel vollzogen: Die Landschaft war frisch von einem kräftigen Regen getränkt. Auf unserem Bohlenweg durch das Filz, wie das Hochmoor in bayerischer Mundart bezeichnet wird, streiften wir immer wieder Büsche, Sträucher und Latschen. Doch die Wassertropfen an den Pflanzen fielen nicht ab. Sie waren vereist. Oder vielmehr: Sie vereisten gerade. Beim näheren Hinsehen schien es fast, als sei noch nicht ganz klar, in welchem Zustand es für die Tropfen weitergehen soll. Flüssig oder fest? In diesem Moment jedenfalls wirkten sie gallertartig.

Am Morgen dann also ein Schauspiel, wie wir es so noch nicht erlebt hatten: Die frühlingsfrischen Baumwipfel, aber auch Sträucher, Knospen und Blumen – alles ist mit einer dicken Eisschicht umgeben. Beim Aufstieg auf den Lusen schauen wir in den blauen Morgenhimmel. Ringsum glitzern und funkeln uns klare Kristalle entgegen.

Zaghaft macht sich alsbald die Morgensonne ans Werk: Sie knackt allmählich dieses Wunderwerk der Natur, sprengt Eishülsen von den Ästen. Ein zarter Windstoß – und die Wipfel lassen in den zerbrechlich-feinsten Melodien ihre glasigen Kleider fallen. Schicht für Schicht.

Seltsam entrückt scheint die Szenerie. Das mag auch am Konzept »Natur Natur sein lassen« liegen: Seit knapp einem halben Jahrhundert ist die Region entlang des Grenzkamms unter Schutz gestellt. 1970 als erster deutscher Nationalpark eröffnet, bildet er zusammen mit dem auf tschechischer Seite angrenzenden Nationalpark Šumava das Zentrum vom größten zusammenhängenden Waldgebiet Mitteleuropas – das grüne Dach Europas.

Verwundbar wirkt der Nationalparkwald an diesem Morgen, nicht zuletzt wegen des vielen Totholzes. Für manchen passt der Anblick von kahlen, in den Himmel ragenden oder auf dem Boden vermodernden Bäumen sicher nicht zum Bild einer intakten Landschaft. Und doch, hier ist alles naturbelassen: 1983/84 und nochmals 1990 gab es am Lusen große Windwürfe. Die umgeworfenen Bäume boten die

besten Bedingungen für den Borkenkäfer. Er breitete sich zunächst punktuell aus und brachte dann große Flächen zum Absterben. Trotz vieler Kontroversen: Im Nationalpark entschied man sich, alles seinen natürlichen Lauf zu lassen. Inzwischen wächst ein junger Wald nach.

Ein paar Kilometer weiter spuckt uns der Wald neben einem großen, hölzernen Nationalpark-Willkommensschild wieder aus, direkt an der Asphaltstraße bei Mauth. Unerhört nüchtern scheint dieses Ende. Und unerhört großartig scheinen schon in diesem Moment die Erinnerungen an die zurückliegenden 72 Stunden in der bayerischen Wildnis direkt vor der eigenen Haustür. ◀◀

vorige Seite Anfang oder Ende der Nationalparkdurchquerung – bei Mauth spaziert man am Steinbach und seinen vielen kleinen Zuläufen entlang.
unten links und Mitte Auch im Sommer sind in den Hochlagen des Bayerischen Walds frostige Kälteeinbrüche durchaus normal. Das Spektakel beginnt im Kleinen: Regennasse Zweige vereisen in kürzester Zeit.
rechts und unten Die Schachten und Filze (Bergwiesen und Moore) ebenso wie die Wälder entlang des Grenzkamms geben sich gern geheimnisvoll.

3 × GLAS UND MEHR

GLASHÜTTEN: Glas gilt als das »Gold des Bayerischen Waldes«. Mit seiner knapp 500-jährigen Geschichte ist der »Woid« eine der traditionsreichsten Glasregionen Europas. Entlang der Glasstraße kann man in zahlreichen aktiven Hütten den Glasbläsern über die Schulter schauen oder Galerien besuchen, zum Beispiel in Zwiesel, Lindberg oder in Spiegelau.

GLASARCHE: Mitten im Wald, am Fuß des Lusen, ruht in einer riesigen Hand aus Eichenholz ein grün schimmerndes, fünf Meter langes Schiff. Es ist aus 480 Glasscheiben gefertigt und steht für die große Glastradition der bayerisch-böhmischen Region und ebenso als Arche für die Natur.

NATIONALPARK: Ein erster Nationalpark-Eindruck, ganz ohne Wanderung, lässt sich im Nationalparkzentrum Falkenstein bei Ludwigsthal erhaschen oder im Nationalparkzentrum Lusen bei Neuschönau. Dort unbedingt Zeit für einen Spaziergang über den Baumwipfelpfad und auf den 44 Meter hohen Baumturm einplanen. An mehreren Treffpunkten laden außerdem Nationalpark-Ranger, Förster oder Forscher zu regelmäßigen Führungen und zu besonderen Ausflügen ein – zu Fuß oder mit Schneeschuhen.

Berchtesgadener Land – Deutschland

Das Röhren
DER HIRSCHE

➥ Eine Übernachtung sollte man schon einplanen, wenn der Besuch der abgelegenen Wasseralm im Berchtesgadener Land ansteht. Vor allem im Herbst. Denn im September und Oktober ist die von Wald umsäumte Alm bevorzugter Brunftplatz des hiesigen Rotwilds. Wenn der Tag schon zu dämmern beginnt, bekommt man die Hirsche dann mit etwas Glück zu Gesicht.

{ Sonores Röhren }

DURCHDRINGT DEN HERBSTWALD

vorige Seite Im Aufstieg zur Röth immer wieder stehen bleiben und den Blick auf Obersee, Königssee und Watzmann genießen.
oben Sehnsuchtsziel Röth: ein abgeschiedener, waldumrahmter Talkessel, hinter dem die Teufelshörner aufragen.
Mitte und rechts Erst gemächlich über den herbstlich eingebetteten Königssee gleiten ...
rechts unten ... und danach auf dem Röthsteig immer wieder mal ins Seil greifen.

Von Nadine Ormo

Zehn Uhr. Zapfenstreich. Während sich alle in der Alpenvereinshütte auf der Wasseralm zur Nachtruhe vorbereiten – Katzenwäsche unter kaltem Wasser, Schlafsack und Wolldecken richten, Stirnlampe für nächtliche Eventualitäten mit ins Lager nehmen –, legen draußen vor der Hütte die Hirschbullen gerade erst richtig los.

Es ist Anfang September und die Brunftzeit der Rothirsche hat begonnen: Einen eher zaghaften Jungbullen-Brüller, der vom Waldrand weiter oben kommt, quittiert der Platzhirsch unten auf der offenen Wiese mit einem markdurchdringenden Röhrer. Sehen kann ich weder den einen noch den anderen, denn mit der Dunkelheit hat sich dichter Nebel um die drei Almgebäude gelegt. Nur die Augenpaare von einigen Hirschkühen und ihren Kälbern funkeln mir entgegen, als ich mit dem Lichtstrahl meiner Stirnlampe in dem trüben Dunst herumstochere.

An die 100 Tiere, hatte mir Hüttenwirt Horst am Abend erzählt, seien zu Brunfthochzeiten rund um die Wasseralm unterwegs. Dafür käme man am besten Ende September hinauf in den Nationalpark Berchtesgaden.

Bis meine Beine in der Kälte zu schlottern beginnen und ein Schauer durch meinen Körper jagt, lausche ich gespannt in die Nacht. In diesem Moment weiß ich noch nicht, dass ich mich drei Wochen später tatsächlich noch einmal auf den Weg zur Wasseralm machen und in der Dämmerung den Platzhirsch zu Gesicht bekommen würde.

Ende September komme ich also wieder an dem großen Parkplatz in Schönau an und werde abermals mit den Touristenmassen durch die Fußgängerzone gespült, bis hinunter zum Königssee. Dort kaufe ich einen Fahrschein und reihe mich ein, um auf eines der nächsten Boote zu warten. Flüsterleise surrt alsbald das Elektroboot über den sieben Kilometer langen, höchst sauberen und kalten Königssee, der fjordartig zwischen steilen Berghängen ruht. Vor der Echowand hält das Boot einen Moment inne. Der Bootsführer zückt seine Trompete, bläst kräftig hinein und entlockt der Felswand einmal mehr ihren berühmten Widerhall. An der Kapelle St. Bartholomä herrscht wuseliges Ein-, Aus- und Umsteigen, bevor es auf die letzte Etappe zur Saletalm geht.

Von der Bootsanlegestelle Salet führt ein Weg zum Obersee, der »erst« seit einem Bergsturz im 12. Jahrhundert vom Königssee getrennt ist und seither wie ein kleiner Juwel abgeschieden schlummert – vom Ansturm der Sommertouristen mal abgesehen. Erstaunlich viele wissen inzwischen um diesen lohnenden Ausflug und gehen auch noch entlang der Felswand am Südufer des Obersees bis zur bewirtschafteten Fischunkelalm. Dahinter, am Ende des tief ausgeschürften Trogtals, stürzt der Röthbachfall beinahe senkrecht 470 Meter die Felswand hinab.

Auf dem Weiterweg zur Wasseralm in die Röth, wie das ehemalige Almgebiet in dem teils bewaldeten Bergkessel über dem Obersee heißt, wird es dann ganz schnell ganz ruhig: Vom steilen, teils seilversicher-ten Röthsteig tun sich immer wieder spektakuläre Ausblicke auf Obersee, Königssee und Watzmann auf. Dann flacht der Weg deutlich ab und verschwindet schließlich im Wald. Nach dem konzentrierten Aufstieg kommt mir der Pfad nun geradezu verwunschen vor: um bemooste Steine herum, an vermodernden Baumstümpfen vorbei und über farnverwucherte Lichtungen hinweg.

Bald finden sich die ersten Hirschfährten: im Schlamm neben dem Waldweg, der sich nur noch um einen kleinen Hügel streckt und dann den Blick auf die Wasseralm freigibt. Wie zur Bestätigung, dass die beweihten Fährtenleger nicht allzu weit sind, durchdringt ein sonores Röhren den Wald. – Wir werden uns später sehen, am Abend! ◀

links Beliebtes Ziel für Tagestouristen aus aller Welt: Das Westufer vom Obersee ist leicht zu erreichen.
Mitte und rechts Die Enzianbrennerei Grassl hat alte Grab- und Brennrechte in der Röth. Auf der Wasseralm wird hin und wieder noch der legendäre Meisterwurz gebrannt.

ANKOMMEN AM KÖNIGSSEE UND AUSSCHWÄRMEN IN DIE RÖTH

4 × WASSERALM

DER WEG: Der direkteste Zustieg zur Wasseralm führt über den Röthsteig. Er verlangt Schwindelfreiheit sowie Trittsicherheit und ist als schwarzer / schwerer Weg gekennzeichnet. Vorsicht bei Nässe! Alternative: der mittelschwere Zuweg vom Bootsanleger Salet über den Landtalsteig.

DAS QUARTIER: Die Wasseralm ist eine von mehreren früher landwirtschaftlich genutzten Almen in der Röth. Erst in den letzten Jahren hat die ehemalige Selbstversorgerhütte Waschräume und WCs bekommen. Legendär und hervorragend: das Abendessen – Gemüsesuppe oder Gemüsesuppe mit Wurst. Dazu Brot.

DIE ETAPPE: Die Wasseralm ist vor allem während mehrtägiger Wanderungen zwischen Steinernem Meer und Hagengebirge ein wichtiges Übernachtungsziel. Von der Gotzenalm und vom Kärlingerhaus führen rote / mittelschwere Wege hierher.

GESCHICHTE: Oberhalb der Wasseralm finden sich Überreste einer Jagdhütte, die 1934 für den Reichsminister Hermann Göring gebaut wurde. Wie der Obersalzberg war die Röth von die Nationalsozialisten nach ihrer Machtergreifung kurzerhand zum Sperrgebiet erklärt worden.

Bayerisches Voralpenland – Deutschland

IN EINER
Winternacht

➡ Der Wald vor meiner Haustür ist ein Wirtschaftswald – gespickt mit Lichtungen, die um verlassene Hofstellen herum gerodet wurden, von einem Geflecht aus Forstwegen durchwoben. Seine Magie ist dennoch allgegenwärtig. Man spürt sie, wenn man die Wege verlässt und sich dem Wald aussetzt. Besonders in einer Winternacht.

Von Tom Dauer

Es dämmert
bereits, als ich die Haustür zuziehe und aufbreche in meinen Wald.

Natürlich ist es nicht »mein« Wald. Seit Jahrhunderten wird er bewirtschaftet, von den Lehngütern des Klosters Tegernsee, von Bauern und Waldbesitzern, von der Stadt München, die aus den Tiefen des Taubenbergs das Trinkwasser für 1,5 Millionen Menschen gewinnt. Dennoch fühlt es sich an, als wäre er meiner, seit ich an seinem Rand lebe. 80 Meter vielleicht, dann bin ich drin.

Unter meinen Schuhen knirscht der Schnee. Er ist fein und fluffig. Fünf Zentimeter sind tagsüber hinzugekommen, abgelegt auf einer gebrechlich dünnen Eislamelle, die den Altschnee konserviert. Schnell gewöhnen sich meine Augen an das schummrige Licht. Auf dem Neuschnee muss ich vorsichtig sein: Tastend setze ich Fuß vor Fuß auf den von Traktorspuren zerfurchten Forstweg, der links und rechts von hohen Bäumen gesäumt wird.

Wie Vorposten von etwas Größerem stehen sie da: der Kirschbaum, dessen mächtiger Ast meterweit in die Wiese hineinragt – im April wird er erblühen, stets pünktlich zum Geburtstag meiner Mutter. Die Obstbäume – Äpfel, Birnen, Zwetschgen – gleich hinterm Haus, überragt von einem turmhohen Nussbaum, dessen Geruch die Stechmücken fernhält. Danach die Linde, an der ich für die Kinder eine Reifenschaukel angebracht habe. Der Bergahorn – und dann die Eiche, die seit Jahrhunderten dem Treiben unter ihrer ausladenden Krone zusieht. Noch ein paar Schritte weiter komme ich zu meinem Holzplatz: 30 Raummeter Buche und Esche warten noch darauf, zersägt und gespalten zu werden. Der Wald, mein Wald, sein Holz spendet unserem Haus Wärme in Wintern, die auf 850 Meter Höhe sehr kalt werden können.

Auch heute ist es frostig. Nächtliche minus zwölf Grad hat der Wetterbericht für den Alpenrand vorhergesagt. Dazu zählt auch der Taubenberg – ein Endmoränenhügel, der sich keck ins Voralpenland

vorige Seite Der Winterwald ist ganz in Weiß gekleidet – und betört den Gast durch seine stille Schönheit.
links Fuchsspuren führen zwischen junge Fichten hindurch – zu einem Schlafplatz, der Geborgenheit vermittelt.
Mitte und unten Nadelbäume speichern Wärme – unter dem Dach des Waldes ist die Kälte auch nachts erträglich.

hineinschiebt. Ich schaue meinem Atem hinterher, der Wind trägt ihn fort. Wenn ich stehen bleibe, höre ich nur das: meinen Herzschlag, das Rauschen des Blutes im Ohr. Noch ein Blick zurück auf die gelb funkelnden Lichter des Dorfes, dann gehe ich hinein in den Wald.

Inzwischen ist es fast dunkel geworden und das wenige Licht, das durch die tief hängenden Wolken strömt, wird vom Dach des Mischwaldes geschluckt. Im Schein der Stirnlampe entdecke ich Fuchsspuren. Sie kreuzen den Weg, führen hinein in eine Fichtenschonung, mal links, mal rechts um die Stämme herum. Ich beschließe, mich dem Zufall zu überantworten und folge den Abdrücken, die das kluge Tier hinterlassen hat. Die Schneelast und der Wind der vergangenen Tage haben selbst mächtige Fichten geknickt – da ist es vermutlich eine gute Idee, die Gesellschaft junger Bäume zu suchen. Als sich die Spur des Fuchses im Unterholz verliert, bleibe ich stehen.

Kniehohe Sprösslinge haben ein Halbrund gebildet, das von einem knorrigen Fichtenstamm geschlos-

sen wird. Das ist ein guter Platz für die Nacht. Irgendwie verspricht er Geborgenheit.

Ich breite meine Isomatte aus, meinen Schlafsack. Die Daunenjacke stopfe ich in dessen Hülle, so wird ein Kopfkissen daraus. In den Topf fülle ich Schnee, stelle ihn auf den kleinen Kocher mit der Gaskartusche – wenn ich aufwache, muss ich mich nur noch umdrehen, um den Schnee zu warmem Wasser zu schmelzen. Die Berg- und die Handschuhe kommen mit in den Schlafsack, damit sie nicht gefrieren. Reißverschluss zu. Und dann liege ich da.

Still ist es. Kein Blätterrauschen, kein Vogelgezwitscher, nicht einmal der Wind raunt. Ich fühle mich wie in Watte gepackt: der weiße Schnee, der lautlose Wald, regungslos ich selbst. Oft schon habe ich draußen übernachtet, aber immer in den Bergen, auf Gipfeln oder Graten, auf Gletschern, auf Steinen. Still ist es dort auch, aber die Stille der Berge ist leer. Der Wald dagegen lebt – nur hört man das Leben in einer Winternacht nicht. Vielleicht liegt gerade darin seine Magie. ◀◀

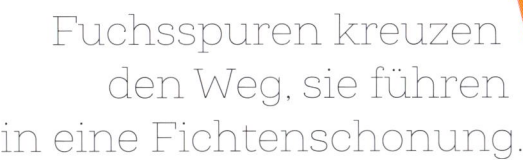
Fuchsspuren kreuzen den Weg, sie führen in eine Fichtenschonung.

4 × UNERLÄSSLICHES

ISOMATTE: Für einen guten Schlaf auf gefrorenem Waldboden ist sie das A und O. Wichtig ist der Wärmewiderstand: Für Winterbiwaks eignen sich Isomatten mit dem R-Wert 5 und 6.

SCHLAFSACK: Ebenso wichtig und natürlich stark abhängig vom Kälteempfinden ist der richtige Schlafsack mit Fillpower von 800 cuin. Wer mehrere Tage hintereinander im Wald verbringt, sollte einen hochwertigen Kunstfaserschlafsack in Betracht ziehen, da dieser auch in feuchtem Zustand eine isolierende Wirkung hat.

STIEFEL: Für Winterwanderungen im Wald mit Übernachtung empfehlen sich Bergschuhe mit integrierter Gamasche, damit Socken und Füße auch bei viel Schnee trocken bleiben. Ersatzsocken sollte man dennoch im Gepäck haben, am besten trocken in einer Plastiktüte aufbewahrt.

AUSSERDEM: Ein dünnes Paar Handschuhe für allfällige Arbeiten, ein dickes Paar zum Wärmen. Eine Stirnlampe plus Ersatzbatterien, Mütze und gegebenenfalls Sturmhaube. Für das Süppchen am Abend und den Tee am Morgen dienen Kocher, Gaskartusche, Topf, Tasse und Löffel. Immer dabei: ein zweites Feuerzeug und Multifunktionswerkzeug. Passt alles in einen Rucksack mit 40 Liter Fassungsvermögen.

„ Öfter mal
INNEHALTEN

... den Zapfensammler

Sein Arbeitsplatz ist die Baumkrone. **RALPH MOHR** aus Nürtingen ist Zapfensammler, in 60 Metern Höhe sammelt er die Samen der Bäume ein. Er sorgt, wenn man so will, für ihren Nachwuchs.

1. In welchen Momenten glauben Sie, den schönsten Beruf der Welt zu haben?

Wenn ich bei schönem Wetter ganz oben im Baumwipfel hänge, die Aussicht und die Ruhe genießen kann.

2. Wann holen einen die Zweifel ein?

Da es sich bei der Zapfenernte um Akkordarbeit handelt und auch die Zeitfenster, in denen die Zapfen geerntet werden können, sehr begrenzt sind, kann es ziemlich stressig werden. Die Arbeitstage sind lang und damit körperlich anstrengend. Feierabend gegen 22 Uhr ist keine Seltenheit. Natürlich ist auch das Klettern risikoreich … In solchen Momenten fragt man sich natürlich schon, ob es das alles wert ist. Nach Abschluss der Ernten ist man zunächst auch meist froh, dass es vorbei ist. Kurze Zeit später aber freut man sich schon wieder auf die nächste Ernte.

3. Wie kommt man auf die Idee, Zapfen zu sammeln?

Kollegen aus der Baumkletterszene hatten mich angefragt, ob ich zur Unterstützung bei einer Saatguternte mitkommen würde. Seither hat mich das Zapfenpflückfieber nicht mehr losgelassen.

4. Was ist die größte Herausforderung dabei?

Da die Zapfen meist nur in der Kronenspitze eines Baumes hängen, müssen wir möglichst weit nach oben klettern. Die Aufstiege sind teilweise sehr lang. Douglasien können über 60 Meter hoch werden!

5. Warum wartet man nicht einfach, bis die Zapfen runterfallen und sammelt die Samen dann ein?

Normalerweise würden sich die reifen Zapfen am Baum öffnen und die Samen dann vom Wind verteilt. Um das zu verhindern, erntet man die noch geschlossenen Zapfen.

6. Wie viel schafft man so pro Stunde – oder ist die Menge dabei gar nicht so wichtig?

Da wir in der Regel nach Kilogramm abrechnen, steht die Menge durchaus im Fokus. Pro Tag können wir, je nach Behang und Baumart, um die 150 bis 200 Kilogramm ernten.

7. Auf was muss man dabei achten?

Vor allem bei der Douglasie ist es wichtig, dass die Zapfen vor dem Pflücken kontrolliert werden. Dafür werden einige Zapfen der Länge nach aufgeschnitten, um zu sehen, wie viele keimfähige Samen es gibt. Es kommt immer wieder vor, dass zwar viele Zapfen im Baum hängen, aber keine Samen enthalten sind.

8. Wann ist die richtige Erntezeit und was passiert danach?

Normalerweise ist die Douglasie Anfang August und die Weißtanne Anfang September erntereif. Natürlich gibt es da auch Schwankungen. Ein guter Hinweis auf den Reifegrad ist die Farbe der Zapfen. Der Behang ist von vielen Faktoren abhängig: Die Witterung bei der Blüte spielt hier eine große Rolle, Schädlingsbefall oder eventueller Spätfrost. Die Zapfen werden dann zu einer Sammelstelle gefahren, wo sie gewogen werden. Danach bringt man sie zu einer sogenannten Klenge, einem Saatgutbetrieb. Dort trocknet und klengt man sie, das heißt, aus den Zapfen werden die Samen gewonnen und gereinigt. Später verkauft man das Saatgut an Baumschulen.

9. Was würden Sie den Menschen gern mit auf den Weg geben in Bezug auf die Natur?

In den Wald gehen. Öfter mal innehalten und die Ruhe genießen.

10. Was bedeuten Ihnen die Bäume, die Zapfen, der Wald?

Bäume sind besondere Pflanzen. Die Kronen, die Bäume ausbilden, um ihre Blätter ans Licht zu bringen, und ihre Stämme sind häufig sehr beeindruckend. Sich vorzustellen, welche Kräfte hier im Wind wirken, und dass die Bäume in der Lage sind, diese Kräfte auszuhalten, das fasziniert mich. Die Zapfen sind zur üblichen Arbeit eine willkommene Abwechslung. Es freut mich, für die Nachkommen der Bäume zu sorgen und hinaufzuklettern, ohne die Säge zücken zu müssen. Und dann natürlich das Waldcamping. Mehrere Wochen den Wald nicht zu verlassen, den Komfort auf das Nötigste zu begrenzen, das erdet. Der Wald an sich hat eine eigene Atmosphäre. Vor allem nachts dort zu sein, ist ein besonderes Erlebnis.

Tirol – Österreich

ZWISCHEN DEN
Welten

➥ Im Spätherbst, wenn es am Berg endgültig ruhig geworden ist,
stellt sich weit oben über dem Inntal der vielleicht bezauberndste
Moment des Jahres ein – mit Blick auf Innsbruck zwei, drei Stunden
zwischen den Bäumen zu spazieren. Durch das Grün der Zirben,
das Gelb der Lärchen und das Weiß des ersten Schnees.

Von Nadine Ormo

E

inmal mehr halte ich inne:
Irgendwo da unten muss er stehen. Der älteste Baum Tirols, wie es heißt.
Eine Zirbe, die wohl schon 750 Jahre auf der Borke hat. Zusammen mit einigen anderen
Altersgenossen hält sie sich gut versteckt im Ampasser Kessel – einem schwer zugänglichen und geschützten Wald zwischen dem Dorf Ampass im Inntal und der 2306 Meter
hinaufragenden Viggarspitze, oben in den Tuxer Alpen. So naturnah und wild der
baumbestandene Kessel ist, so gemütlich zieht sich oberhalb ein breites Wegeband durch
den Zirbenwald. Knapp acht Kilometer lang ist der Panoramawanderweg zwischen der
Glungezerbahn und der Patscherkofelbahn, gerade mal an die 200 Höhenmeter müssen
bewältigt werden.

{ *Entschleunigt* }

BEI DER KÖNIGIN DER ALPEN.

Als ich mich an diesem Spätoktobermorgen auf dem zirbengesäumten Weg umschaue, bin ich glücklich: Weil sich der Herbst wieder einmal außergewöhnlich trocken, sonnig und einladend zum Wandern gibt, hatte die Glungezerbahn ihre Sommersaison verlängert. Die 1000 Höhenmeter überwinde ich also leicht und komme fix zum Start meiner Wanderung knapp unterhalb der Baumgrenze. Wobei »fix« ein dehnbares Wort ist: Eher ist es ein gemächliches Dahinschweben: erst mit einem in die Jahre gekommenen Doppelsessellift. Dann mit einem noch antiquierter wirkenden Einersessellift, an dem wohl seit der Inbetriebnahme in den 1960er-Jahren jegliche Verjüngungskur vorübergegangen ist. Der entschleunigte Retro-Charme kommt gerade recht, um vom wuseligen Tal auf entspannten Bergmodus zu schalten.

Auf meinem Weg trete ich immer wieder ganz nah an eine der vom Wind zerzausten, von Schneebrüchen gebeutelten und von den Jahren knorrig gewordenen Zirben heran. Ich lasse die Triebe der »Königin der Alpen« durch meine Hand gleiten und genieße das weiche und etwas kitzelige Gefühl der langen, in Fünferbüscheln zusammenstehenden Nadeln. Zirbenwälder verzaubern mich. Allein der Duft an warmen

vorige Seite Pause gefällig? – Imposanter Hingucker vis-à-vis vom Zirbenweg: das Karwendelgebirge.
links Auf etwa 2000 Metern schlängelt sich der Spazierweg durch den herbstlichen Wald.
rechts Blaubeersträucher im Schnee und wettergegerbter Wegweiser.

Zwischen den Welten – zwischen Herbst und Winter, oben und unten.

Sommertagen. Allein das Farbspiel ein paar Wochen später, wenn die Lärchen, die die Zirben oft begleiten, ihr gelbes Herbstkleid anlegen. Auf eine unbestimmte Art rufen diese ganz besonderen Alpenwälder bei mir ein Gefühl der Geborgenheit hervor. Es ist, als hätten die Zirben nur darauf gewartet, sich der gehetzten Städterseele anzunehmen und sie behutsam zu entschleunigen. Vielleicht, weil sie echte Überlebenskünstler sind: Sie haben kaum Ansprüche an den Boden und an ihren exponierten Standorten zwischen 1500 und 2000, aber auch schon mal 2800 Metern meistern sie Temperaturen bis minus 40 Grad – ohne auch nur mit der Nadel zu zucken.

oben Weithin sichtbar mit seiner charakteristischen Antenne: der Patscherkofel, Innsbrucks Hausberg.
rechts oben Nicht zu verfehlen: Die rot-weiß-rote Markierung weist zwischendurch immer wieder den richtigen Weg.
rechts Kleine Kunstwerke: Zugefrorene Pfützen erzählen vom nahenden Winter.

Derart frostig ist es heute nicht und doch mit ein, zwei Grad unter null kalt genug, damit ich den Zirbenweg fast ganz für mich allein habe. Einzig einem, wie es scheint für die Witterung zu leicht bekleideten, aber gut gelaunten chinesischen Touristen begegne ich und wenig später einer lebhaft miteinander gestikulierenden italienischen Familie. Während meines dreistündigen Spaziergangs bleibe ich immer wieder stehen, mache Fotopausen.

Als ich am westlichen Ende des Wegs in die Patscherkofelbahn steige, weiß ich: Dies war ein Vormittag zwischen den Welten, irgendwo zwischen Herbst und Winter, irgendwo zwischen oben und unten. Die Bergbahn ruckelt los und das Surren der Stahlseile begleitet meine Gedanken mit ins Tal. ◀

WAS MAN UM DEN ZIRBENWALD GEMACHT HABEN SOLLTE

5 × INNTAL-TIPPS

HIN UND HER: Der Zirbenweg ist zwischen Mai und Oktober einer der schönsten Wanderwege Tirols. Die ersten anstrengenden Höhenmeter übernehmen die Patscherkofel- oder die Glungezerbahn, je nachdem, von wo man startet.

GIPFELVARIANTE FÜR BERGFEXE: Start an der Patscherkofelbahn. Dann geht es auf dem Glungezer Höhenweg zur Glungezerhütte auf 2610 Meter. Von dort hinunter zur Tulfeinalm, wo der Zirbenweg zurück zum Patscherkofel ausgeschildert ist (Gehzeit 6–7 Stunden bei rund 900 Höhenmeter).

TALARCHITEKTUR: Bummel durch Innsbruck. Morgens an der Bergiselschanze der Stararchitektin Zaha Hadid starten und erst mal den gigantischen Blick über die Stadt genießen! Später auf die andere Stadtseite wechseln und mit der Hungerburgbahn zur Hungerburg fahren.

TALGESCHICHTE: Hall, eine alte Salzstadt, gehörte einst – weit vor Innsbruck – zu den blühendsten Städten des Landes. 1486 wurde dort die erste hochwertige Silbermünze geprägt. In der historischen Altstadt gibt es viele kleine Läden.

ZIRBEN-MITBRINGSEL: Der Zirbe werden harmonisierende Eigenschaften zugesprochen. Für einen besonders guten Zirbenschnaps schaut man in Tulfes beim Tuxerbauern vorbei. Körper und Seele tun die »Tiroler Reine Zirbenseife« und eine Glaskaraffe mit duftender Zirbenkugel gut.

Unterengadin – Schweiz

DAS WUNDER VON
TAMANGUR

➥ Auf 2300 Metern Höhe steht im entlegenen Val S-charl im Unterengadin einer der höchstgelegenen Arvenwälder Europas: God da
Tamangur. Für die rätoromanischen Engadiner und ihre Kultur ist
er Symbol des eigenen Überlebenswillens – man könnte dazu auch
sagen: ein Wunder.

Von Stefanie Claus

Diesmal beginnen

die Fragen schon mit dem Wetterbericht. Das Unterengadin wird von hohen Bergketten abgeschirmt: Wenn woanders der Himmel wolkenverhangen ist, kann dort die Sonne scheinen. Heute meint es die Sonne gut mit mir – in Scuol lacht sie auf die schmucken Häuser mit ihren tief in dicken Mauern sitzenden Fensterchen und den Sgraffito-Ornamenten. Das Postauto bringt mich ins abgelegene Seitental Val S-charl, wo die Casa dals Cnaps (Knappenhaus) an Bergarbeiter erinnert, die hier noch im 19. Jahrhundert nach Silber- und Bleierzen schürften. Heute lieben Wanderer und Skitourengeher die Stille und den Zauber des Tals, das sich seine wilde Ursprünglichkeit bewahrt hat.

Von S-charl ins Val Müstair sind es 13 Kilometer. Motorengeräusche werden auf meiner Wanderung die Stille nicht stören – Straßen gibt es keine. Ich folge dem munter plätschernden Flüsschen Clemgia, über mir die schneegesprenkelten Berge. Auf der verlassenen Alp Tamangur Dadora informieren Tafeln über den uralten Arvenwald God da Tamangur, der in sattem Dunkelgrün vor mir liegt.

Die Arve, Zirben- oder Zirbelkiefer *(Pinus cembra)* heißt in Vallader, der Sprache des Unterengadins, *Dschember*. Ein erstaunlicher Baum, der sich noch auf 2400 Meter an der Baumgrenze behauptet. Auch sonst ist die Arve eine Überlebenskünstlerin. Bis zu 40 Grad Frost können ihr nichts anhaben, ihre Wurzeln dringen tief in Felsspalten, sie scheint auf kahlem Stein zu wachsen.

Am Rande des God da Tamangur lege ich erst mal eine Pause ein. Stille um mich herum, nur ab und an der Ruf eines Tannenhähers. Ich mache mich auf die Suche nach den ältesten und schönsten Arven. Einige stehen allein, andere drängen sich in Gruppen zusammen. Ich zähle die Nadeln im Büschel, fünf sind es. Eine besonders krumme, windgebeutelte

Arve fällt mir auf, ihre kräftigen Äste sind wunderlich geschraubt und aus der Ferne erinnert sie an einen chinesischen Drachen. Aus einer prächtig gemaserten Arvenwurzel blickt mich ein Astloch wie das Auge eines Dickhäuters an. Der breite Stamm leuchtet rotbraun in der Sonne.

Kein Wunder, dass dieser Wald Künstler und Dichter inspirierte. In seinem Gedicht »Tamangur« (1923) verglich der Engadiner Peider Lansel den alten, sterbenden Arvenwald mit dem Verschwinden der rätoromanischen Sprachen in den Tälern Graubündens. Seitdem ist Tamangur Symbol für den Überlebenswillen der Rätoromanen – ihrer Sprache und Kultur. Ein Kampf Davids gegen Goliath, denn Bündnerromanisch muss sich gegenüber den großen Kultursprachen Italienisch und Deutsch durchsetzen. Im 20. Jahrhundert explodierte dann die rätoromanische Literatur förmlich – eine Wiedergeburt. Seitdem hat sich viel getan, Rätoromanisch mit Rumantsch als eigens geschaffener, einheitlicher Schriftsprache wurde als vierte Landessprache der Schweiz anerkannt und die Rätoromanen setzen heute auf kreative Zweisprachigkeit als langfristige Überlebensstrategie.

Was den Wald angeht, hatte der Dichter Unrecht – und wäre froh darüber gewesen! Viele junge Arven stehen am Waldrand. Das ist dem Tannenhäher zu verdanken, der große Depots Zirbelsamen anlegt, die er später nicht alle wiederfindet. Der Rückgang der Beweidung auf den umliegenden Alpen schützt die Jungbäume. Seit 2007 stehen die Arven von Tamangur als Naturwaldreservat unter strengem Schutz. Wegen des trockenen Kontinentalklimas verrottet das Holz nur langsam. Zum Glück, denn ich habe die kunstvoll gemaserten Stämme mit ihren fantasievollen Formen ins Herz geschlossen. Und so, wie die Arven von Tamangur noch lange leben werden, müsste es allen kleinen Sprachen gehen. Die Davide dieser Welt brauchen zweifellos Köpfchen! ◀

An der Baumgrenze: Sich behaupten müssen macht erfinderisch.

vorige Seite Die grauen Dolomitgipfel heißen »Mot« oder »Piz«: Mot Falain, Marteröl, Piz San Lorenzo und Piz Murtera.
links Auf der verlassenen Alp Tamangur Dadora.
links unten Wer sich unsicher ist, zählt nach: Fünf Nadeln sind es im Büschel.
oben Aufwärts wachsen war für diese Zirbelkiefer scheinbar keine Lösung.
oben rechts Diese uralte Arvenwurzel vergisst man nicht mehr – sie hat ihren eigenen Fanclub.

VON WILDEN BÄREN UND GLASKLAREN NÄCHTEN IM ENGADIN

3 × HIMMEL UND ERDE

MIT DER KUTSCHE INS S-CHARL: Von Dezember bis April fahren viermal täglich Pferdekutschen von Scuol ins S-charl. Im Sommer gibt es die Alternativen Postauto oder eigenes Auto.

DER LETZTE BÄR: In Sichtweite der Bärenausstellung im Museum Schmelzra wurde 1905 der letzte Schweizer Bär erlegt. Heute sind einige Tiere zurückgekehrt. Alles über sie erfahren große und kleine Bärenfreunde auf dem Bärenpfad Ursina. Im Erdgeschoss des Museums geht es um den Erzbergbau.

DEN STERNEN NAH IM ASTROVILLAGE LÜ: In der privaten Sternwarte des Dorfes Lü im Val Müstair können sich Sternenfotografen austoben. Es gibt kaum Licht- und Luftverschmutzung, das trockene Klima und der weite Himmel bieten exzellente Bedingungen!

Lahemaa-Nationalpark

Urstromtal der Abava

Białowieża-Nationalpark

Wald von Spychowo

Der Wald Kalnamuiža bei Tērvete ist in Lettland wegen seiner Märchenfiguren und Sagenwesen berühmt. Der Waldkönig, der alte Zwerg und Maija und Paija, die Lieblingsmärchenfiguren aller lettischen Kinder, bevölkern dort als Holzskulpturen die Wege.

+ + +

Waldbrüder nannten sich die Widerständler, die sich während und nach dem Zweiten Weltkrieg in Estland für die Unabhängigkeit einsetzten. Sie zogen sich in die Wälder zurück und attackieren von dort aus die sowjetische Besatzungsmacht. Vergeblich.

+ + +

»Heilige Linde« (Święta Lipka) heißt eine Wallfahrtskirche in den Masuren. Tausende besuchen den Ort jährlich; der Name geht zurück auf eine Linde, die einst in Nähe der Kapelle stand. Der Legende nach wohnten in ihren Wurzeln kleine Männlein, die die Seelen von Verstorbenen verkörperten.

+ + +

Der älteste Urwald Europas verbindet Weißrussland mit Polen. Im Nationalpark von Białowieża leben zwischen uralten Eichen, Ulmen und Kiefern mächtige Wisente.

+ + +

Im Nordosten Rumäniens heulen die Wölfe und streifen Bären durch die Wälder – und im Kreis Maramureș fährt Europas letzte dampfbetriebene Waldbahn.

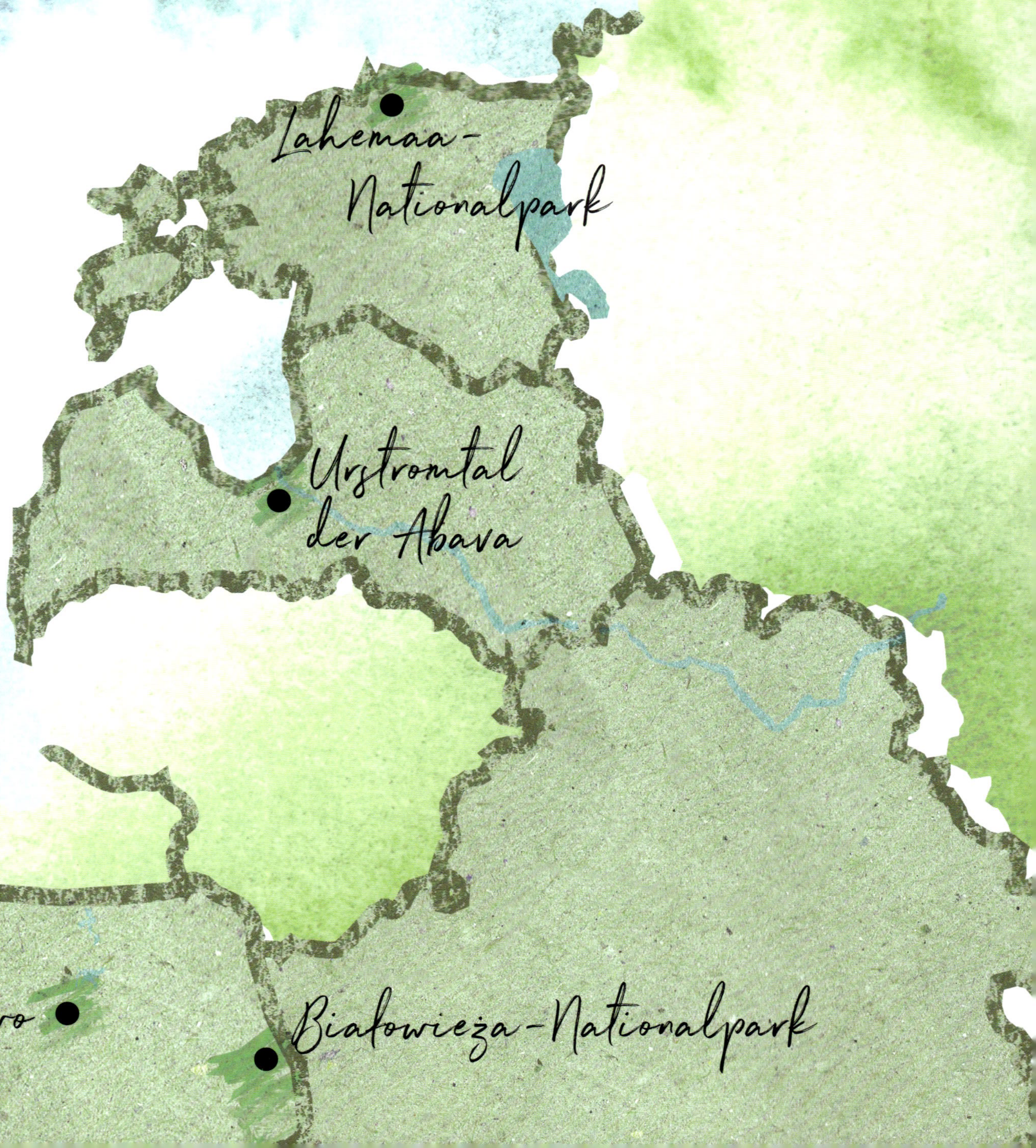

Wälder im Osten

Wildnis, Wisente und Pilze

Südkarpaten

Hohe Tatra

Lahemaa-Nationalpark – Estland

EINEN
Augenblick
LANG

➡ Unzählige Findlinge umringen das kleine Fischerdorf Käsmu hoch oben im baltischen Norden, als wenn sie einen Schatz bewachen wollten. Vorwitzig ragen die moosbewachsenen Felsbrocken aus dem Meer und laden zum Verweilen ein. Ins Landesinnere erstrecken sich urwüchsige, geheimnisvolle Wälder – und ich folge ihrem Ruf.

Von Ute Kranz

Nach mehr als

3000 Kilometern Fahrt durch die überwälti-
gende Natur Polens und der baltischen Länder Litauen
und Lettland frage ich mich, warum ein entlegener Ort
inmitten eines estländischen Nationalparks plötzlich
so anders sein kann. Vielleicht liegt es daran, dass ich
– oder besser gesagt mein alter VW Bus – es so gut bis
nach oben in den Norden geschafft haben. Vielleicht ist
es aber auch diese seltsame Magie, wie sie manchmal
bei der ersten Begegnung zweier Menschen auftritt:
Man schaut sich ins Gesicht und weiß, dass da eine
ganz spezielle Verbindung besteht. Genauso war es
zwischen Käsmu und mir, und auch mein Hund fühlte

sich sofort wohl und ging mit der Nase am Waldboden
seiner Leidenschaft für Duftspuren von Kaninchen,
Füchsen und Elchen nach. Ja, sogar Braunbären soll es
im Lahemaa-Nationalpark geben!

Die pechschwarze Landstraße hat mich aus dem
Wald heraus unmittelbar in den kleinen Ort Käsmu
geführt. Hübsche Holzhäuser in pastelligen Farben
begrüßen mich, umringt von großzügigen Gärten.
Bereits nach wenigen Minuten steht für mich fest: In
jedes einzelne dieser einladenden Häuschen würde ich
uneingeschränkt einziehen! Enthusiastisch stelle ich
mein treues Auto auf dem großen Wiesengelände direkt
am Meer des Lainela Holiday Village ab, um mich von
hier aus dem Nationalpark behutsam zu nähern. Am
Ufer der raue Sandstrand mit Kieseln und Findlingen,
dahinter der dichte, verwunschene Wald.

Die Wälder des Baltikums sind anders als in un-
seren heimischen Gefilden. Sie bestehen in der Regel
aus schlanken, sehr hoch gewachsenen Nadelbäumen.
Manchmal stehen sie so dicht beieinander, dass es den
Anschein erwecken könnte, man hätte sie in millime-
tergenauem Abstand in den Boden gesetzt. Mit diesem
Bild im Augenwinkel hatte ich auf der geschlängelten
Straße den größten Nationalpark Estlands erreicht.
Die Esten bezeichnen ihn auch als »Land der Buchten«

vorige **Seite** Das Ufer des Käsmu-Sees säumt ein gemütlicher Wanderweg.
links Ein Ort zum Entspannen: nichts als Findlinge und Bäume
unten Ein Prachtexemplar von einem Pilz!
rechts Achtung, nicht verlaufen: Verschlungene Pfade führen durch den Wald.

und der Titel lässt bereits erahnen, was den Besucher in dem geschützten Gebiet erwartet: traumhaft schöne, einsame Küstenabschnitte mit der höchsten Anzahl an Findlingen im ganzen Land.

Ohne konkretes Ziel breche ich mit meinem Hund gegen Mittag auf. Kurze Zeit später tauche ich in ein riesiges Waldgebiet ein, dessen verschlungene Pfade in undefinierbare Richtungen weisen. Stille umgibt mich, nur unterbrochen von meinen fast lautlosen Schritten auf dem weichen Boden – einem nachgiebigen Teppich aus Tannen- und Fichtennadeln. Manchmal knackt ein Ast. Ich stapfe durch dickes Moos, das noch vom Regenschauer des Vormittags getränkt ist, und sehe ein, dass ich für dieses Abenteuer nicht ausreichend bekleidet bin. Und dann findet der Weg ein jähes Ende. Ich stehe inmitten des Waldes, hohe Fichten und üppiges Grün umgeben mich mit dem Geruch des dampfenden Mooses. Ich weiß nicht: Ist das nun Einsamkeit oder unendliche Geborgenheit? Einen Moment halte ich inne, noch einen weiteren Moment. Dann beschließe ich umzukehren und gelange wie durch ein Wunder an den Ausgangspunkt meiner Wanderung zurück. Erst nach dem überstandenen Abenteuer macht die Sackgasse im Wald Sinn.

Unter einem großen Baum mit Blick auf den finnischen Meerbusen lasse ich den außergewöhnlichen Tag ausklingen. Er verabschiedet sich mit einem orange-violetten Sonnenuntergang. Das abrupte Ende des Waldwegs begleitet mich noch weiter in meinen Gedanken. Als hätte die Natur mir damit sagen wollen: »Bleib doch mal stehen und betrachte mich in meiner ganzen Schönheit. Blicke nicht immer nur nach vorn und achte auf den nächsten Schritt, genieße mich einen einzigen Augenblick lang mit all deinen Sinnen!« So habe ich es gemacht und diese Erfahrung ist es, die mich für immer mit diesem besonderen Ort verbinden sollte. ◀

3 × MITTENDRIN

ENTDECKEN: Vom Strand des Lainela Holiday Village aus Richtung Westen erreicht man nach kurzer Zeit einen Waldlehrpfad, der einem die Besonderheiten des Nationalparks näherbringt. Für den Abend sollte man für einen ausreichenden Mückenschutz sorgen. Wer mehr über die Geschichte von Käsmu erfahren möchte, übrigens auch das »Dorf der Kapitäne« genannt, kann dem Meeresmuseum einen Besuch abstatten.

ÜBERNACHTEN: Wer nicht gerade mit einem Camper, einem Wohnmobil oder Zelt unterwegs ist, kann in einem der malerischen Holzhäuser übernachten. In der Region sind Ferienwohnungen gängiger als Hotels. Besonders schöne Unterkünfte sind die Võrkneeme Aparments, das Sireli Holiday Home und das Merekalda Aparment. Alternativ bietet das Lainela Holiday Village außerhalb von Käsmu Übernachtungen in allen Preisklassen an.

GENIESSEN: Viele Restaurants gibt es in dem Ort nicht, allerdings kommt man in den beiden Lokalitäten »Resto Mere38« und »La Veranda« für einen besonderen Abend definitiv auf seine Kosten. Frisches Seafood, BBQ und gekonnt dekorierte Salatvariationen lassen den Tag an diesen wundervollen Orten mit einem kühlen Wein noch lange in Erinnerung bleiben. *Terviseks!* Und danach genießt man vielleicht noch einmal die Stille am See.

links In die hübschen, pastellfarbenen Häuser von Käsmu habe ich mich sofort verliebt. Viele sind von einem großen Garten umgeben.
oben Die Findlinge mit ihren sanften Rundungen laden zum Verweilen ein.
rechts Auch mein Hund Conchi fühlt sich hier wohl. Mit seiner Nase am Boden geht er kreuz und quer durch den Wald den Spuren von Kaninchen, Füchsen und Elchen nach.

Urstromtal der Abava – Lettland

Auf dem Fluss
ZUM HAIN
DER ALTEN GÖTTER

➡ Sanftes Plätschern. Wilde Bienen summen. Die Luft schmeckt nach Wacholder, Birken, Gras und Tannennadeln. Ich ruh mich aus und schließe die Augen. Kraniche trompeten in der Ferne. Unverkennbar klingt ihr Ruf durch Kurlands menschenleere Weite. Dann versinkt das Urstromtal der Abava erneut im Schweigen.

Duft und Stille atmen.

Von Carsten Heinke

In tiefen Zügen **atme ich die Stille,** den Duft des Waldes und des kleinen Flusses im Nordwesten Lettlands. Ein Wohlgefühl von Ruhe und Geborgenheit durchströmt mich. In Gedanken sehe ich mich als Kind beim Baden.

Doch statt in einer Wanne sitze ich in meinem Kanu, das mittlerweile an den Resten einer umgestürzten Eiche hängt. Nur das Skelett des einst imposanten Baumes ist geblieben, der dicke, rindenlose Stamm wie auch die Stümpfe seiner Äste sind in der Tat so glatt und grau wie Knochen.

Das Paddel nehme ich nun lieber wieder in die Hände. Nach wenigen Bewegungen bin ich auf Kurs und wandere weiter auf dem Wasser durch den Wald. So lautlos sich der Fluss auch größtenteils durch das verträumte grüne Tal bewegt, so deutlich zeigt er doch

bisweilen seine Kraft. Unweit des Örtchens Sabile, auf dessen Sonnenhügel seit Ewigkeiten Wein gedeiht, zwingt er mich und einen anderen Kanuten zu einem Stopp.

Vor uns rauscht die Rumba, die mächtigste Stromschnelle der Abava. 35 Meter breit und einen Meter hoch ist das Dolomitplateau, über dessen Rand sie sich ergießt. Ein toller Badespaß für uns, doch nichts für Boote, die wir an Land nehmen und um die Rumba herumtragen müssen.

Wieder paddle ich im Wald, der den Fluss schon seit Jahrtausenden umsäumt. Neben hohen Tannen und lichten Kiefernhainen erkenne ich Laub- und Nadelbäume vieler Arten. Junge Bäumchen scharen sich um die, aus denen sie entstanden sind, finden Schutz im Schatten ihrer Ahnen, werden groß und warten, dass sie weichen, um deren Platz zu übernehmen.

Zwischen all den Stämmen drängen sich im Sommer Sträucher voller Beeren, Farne, Kräuter, wilde Blumen – und im Herbst, der hier schon im August beginnt, Pilze ohne Ende. Die tierischen Bewohner zeigen sich nicht gern. Ab und zu erspähe ich einen Fuchs oder ein Reh. Hirsche und Elche habe ich in Kurland immer nur vom Auto aus gesehen. Nur einmal hatte ich die Kamera dabei. Zum Glück auch, als direkt über mir ein Schwarzstorch kreiste. Der Wald im Tal der Abava ist ein beliebter Brutplatz dieser raren, zauberhaften Vögel.

vorige Seite In Kurland hat noch die Natur das Sagen. Stille Wälder, Wasser, Wiesen prägen den Nordwesten Lettlands vom Urstromtal der Abava bis an die Ostseeküste.

links Junge Weißstörche warten in ihrem Horst bei Kandava aufs Frühstück.

Mitte Der Wald im Tal der Abava ist wild und geheimnisvoll, doch zugleich auch voller Licht und Freundlichkeit.

rechts Das meist stille Flüsschen bietet Paddlern die Gelegenheit, auf dem Wasserweg durch die Natur zu wandern.

rechts unten Der Abava-Wasserfall Īvandes üdenskritums unweit vom Dorf Renda.

Zu Johannis blüht der Zauberfarn und alle Tiere können sprechen.

Die alten Letten glaubten, dass schwarze Tiere Inkarnationen ihrer höchsten Göttin Māra seien. Eine ihrer wichtigsten Kultstätten befindet sich im Wald der Abava: die Höhlen Māras kambari. Während dichtes Grün fast überall bis in den Fluss wächst, ist das Ufer hier so nackt und sandig wie ein Strand. Ich lege an und zieh mein Boot darauf. Nach knapp 100 Metern stehe ich vor den drei heiligen Sandsteinkammern, die im Lauf ihres langen Daseins immer kleiner wurden. Schaden erlitten sie erst kürzlich durch umgestürzte Bäume. Nur eine ist groß genug, dass mehr als ein Mensch darin stehen kann. Ihre Wände sind bedeckt mit eingeritzten Initialen, Namen und geheimnisvollen Zeichen.

Mythen und Legenden ranken sich um diesen Ort der alten Götter, an dem sich Hexen, Feen und Geister tummeln sollen. Angst davor muss niemand haben, denn im Volksglauben der Letten ist nicht einmal der Teufel wirklich böse.

Trotz vielfach dunkler Töne wirkt auch dieser Wald im Ganzen hell und freundlich, besonders an den langen Sommertagen. Zur Sonnenwende sucht man hier wie überall in Lettland Kräuter und den Zauberfarn. Es heißt, er blühe nur in der Johannisnacht, wenn Himmelsvater Dievs und Erdmutter Māra Hochzeit feiern, Tiere sprechen können und alle sehr viel trinken und dann verrückte Dinge tun und sehen … ◀

ganz links Die waldige, leicht hügelige Umgebung der Abava wird auch Kurländische Schweiz genannt.
links Ein Maikäferpaar genießt den lettischen Frühling.
Mitte unten Im kurzen Sommer legen die lettischen Bauern ihre Holzvorräte für den Winter an.
oben Wie vielerorts im Baltikum sind die Wälder Kurlands im Sommer voller Blaubeeren.

FRISCH GEZAPFTES BIRKENWASSER UND MEHR IN KURLAND

4 × KÜCHE, KANU, KUNST

KULDIGA: Die ehemalige Residenz der <u>kurländischen Herzöge</u> liegt nicht weit vom Tal der Abava entfernt. Sehenswert sind ihre liebenswerten Holzhäuser, eine wunderschöne alte Backsteinbrücke und die Stromschnelle Ventas Rumba – mit 240 Metern Europas breitester Wasserfall.

PADDELTOUREN: Bequeme Kanus kann man preiswert mieten bei Laivo in <u>Renda</u> an der Abava. Gints Zvirbulis bringt Boote wie auch Gäste gern zum gewünschten Startpunkt.

KUNST IM FREIEN FELD: Im Tal der Abava nahe Sabile zeigt das Freiluftkunstmuseum <u>Pedvāle</u> mehr als 150 zeitgenössische kreative Open-Air-Objekte aus aller Welt. Für ständigen Zuwachs sorgen internationale Workshops, zu denen Künstler und Museumsgründer Ojārs Feldbergs jeden Sommer einlädt.

KURLÄNDISCHE KÜCHE: <u>Unbedingt probieren</u> sollte man frisch geräucherte Flundern aus der nahen Ostsee, Kümmelkäse, hausgemachte Kartoffelpuffer mit Sauerrahm, kalte Sommersuppe aus Kefir, Gurke, junge Rote Bete und Sklandrausis – süße Roggenfladen mit Kartoffeln, Möhren und Zimt – sowie im Frühling frisch gezapftes Birkenwasser.

„Die **BIENE** gehört zum Wald. Beides müssen wir schützen

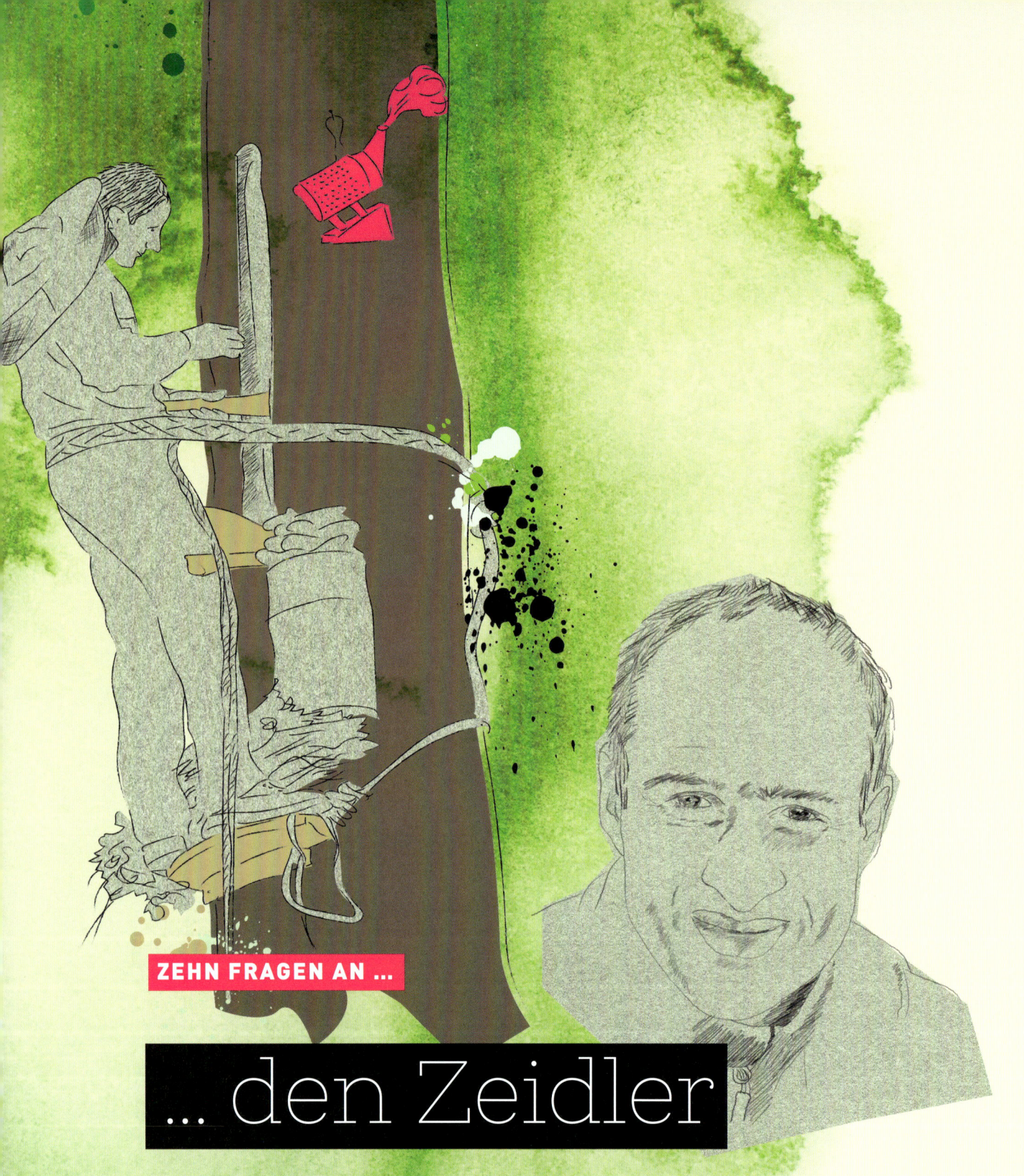

... den Zeidler

Ihr Beruf galt als so gut wie ausgestorben. Zeidler sind Imker der ganz besonderen Art: Sie klettern auf Bäume und züchten in deren Stämmen Bienen. **FRANK KRUMM** aus Süddeutschland gehört zu den Aktivisten, die die Tradition wiederbeleben möchten.

1. Was genau macht der Zeidler?

Zunächst wird eine etwa zehn Zentimeter breite und 80 Zentimeter lange Öffnung in den Baum gesägt. Sie muss die geeignete Größe haben, damit die Biene die Brut aufziehen kann. Später wird die Öffnung mit einem Brett verschlossen und bei Bedarf geöffnet, etwa zur Honigentnahme. Zusätzlich arbeitet man mit feinerem Werkzeug im oberen Drittel der Höhlung eine kleine Einflugöffnung ein, die teilweise auch wieder verschlossen wird, damit etwaige Feinde nicht reinkommen können. Man schafft es, den Baum in zwei, drei Tagen fertig zu präparieren. Allerdings sollte man die Höhle danach idealerweise für ein Jahr austrocknen lassen.

2. Was hat die Biene davon?

Sie muss weniger Aufwand betreiben, um den Stock trocken zu halten oder die Temperatur zu regeln. Das spart Energie. Auch Symbionten und Antagonisten können hier leben, also Nutznießer und Widersacher. Vielleicht nicht immer zum Vorteil der Honigbiene spielen sie für ein funktionierendes Ökosystem eine wichtige Rolle und damit indirekt auch für die Biene.

3. Und was hat der Baum davon?

Das wissen wir nicht so genau. Bienen produzieren aber Wirkstoffe, teilweise in Symbiose mit Bakterien und Pilzen, und es ist gut möglich, dass sich das positiv auf die Lebensdauer des Baumes auswirkt.

4. Merken die Bienen den Unterschied?

Da müssten Sie die Bienen fragen. Wichtiger scheint mir, dass man ihnen den Honig zum Teil lässt! Zuckerlösungen, die man ihnen normalerweise als Ersatz bietet, sind minderwertig, was wiederum einen Einfluss auf die Fitness der Bienen haben könnte.

5. Schmeckt man denn einen Unterschied?

Aber ja. Zeidelhonig wird nicht geschleudert, sondern gepresst, es gibt also keine Wachs- und Pollenbestandteile, die Auswirkungen auf den Geschmack haben können. Der Honig ist unberührt!

6. Kann jede Biene im Baum wohnen?

Grundsätzlich ist die Biene pragmatisch. Im Lauf der Evolution haben sich Bienen und Baumhöhlen miteinander arrangiert, daran hat der Mensch in der relativ kurzen Zeit seit seiner Einflussnahme nichts geändert. Ob es der Biene am Ende egal ist, wo sie lebt, ist allerdings eine schwierige Frage. Man weiß nicht wirklich, was sie wählen würde, wenn sie es könnte.

7. Woher weiß die Biene, dass sie in einen Baum fliegen soll?

Das steckt in ihr drin. Höhlen sind häufig in oberen Baumteilen zu finden, auch hier gibt es evolutive Gründe. Die Baumhöhe hat weitere Vorteile: Die Sonne strahlt dort länger und es gibt bestimmte Pilze und andere Organismen, die eine besondere Rolle spielen.

8. Welcher Baum, welcher Wald ist für die Zeidlerei ideal?

Historisch wurde hauptsächlich in sogenannten Lichtwaldsystemen gezeidelt – Kiefern, Lärchen und Eichen gehören dazu. Kiefern vertragen es auch relativ gut, wenn man sie bezeidelt, das heißt, diese Bäume können trotz der Höhlen sehr alt werden, ebenso die Eichen. Linden und Weiden spielen dagegen als Nahrungsquelle eine zentrale Rolle. Früher wurde auch in dunkleren Nadelholzwäldern gezeidelt, dann eben mit geringerer Intensität und geringerem Ertrag.

9. Wenn Sie an die Bienen denken, was ist Ihnen dabei wichtig?

Unsere Bienen haben Hunger! Es gibt zu wenig Nahrung, vor allem gibt es zu wenig spezifische Nahrung. Wir sollten die Honigbiene als Wildtier akzeptierten und entsprechend sollte sie auch wieder ihre alten Lebensräume und ihre Nahrung im Wald und in der Landschaft finden. Die Biene scheint ein wesentlicher Bestandteil unserer Ökosysteme zu sein, das müssen wir uns bewusst machen.

10. Was ist für den Wald wichtig?

Im Naturschutzgesetz steht geschrieben, dass wir darauf zu achten haben, nicht noch weitere Arten zu verlieren, zugleich müssen wir die Lebenssituation mancher Arten verbessern. Die Honigbiene gehört zum System Wald. Beide müssen wir schützen.

Wald von Spychowo – Polen

GALOPP DURCHS
Kiefernmeer

➼ Die Pferde haben im See gebadet und sind zurück auf der Weide. Ich liege am Waldrand, erschöpft und glücklich, und blinzele in den Himmel. Immer wieder blitzt das leuchtende Blau zwischen den träge hin und her schwankenden Kiefernwipfeln auf. Die kerzengeraden Nadelbäume sind wie betrunkene Riesen, die wohlwollend auf mich herabblicken und mir zuraunen: »Gut gemacht!« Soeben bin ich zum ersten Mal in meinem Leben galoppiert.

Von Mia Raben

D

ie Strecke, die ich gemeinsam mit der jungen, zupackenden Försterin, Jägerin und Reitlehrerin Paulina geritten bin, ist magisch – und der Zauber hat mich noch nicht verlassen. Wir sind durch eine Schneise in diesem schier endlosen Kiefernwald geritten, zehn Kilometer geradeaus, und keine einzige Straße haben wir überquert. Wir befinden uns in der legendären Puszcza Piska im Herzen Masurens, einem gigantischen, uralten Areal, auch der Große Wald genannt.

Über Paulina bin ich aufs Pferd gekommen. Ich sitze im Sattel, habe kaum Erfahrung, ein paar Reitstunden, meist an der Longe. Jetzt reite ich in den Wald und Paulina ruft mir zu: »Nachher galoppieren wir!« Ich glaube es kaum.

Wir reiten los an der Pension, die Paulinas Eltern liebevoll und mit köstlicher Hausmannskost betreiben. Sie liegt in Racibór mit einem privaten Strand am Jezioro Świętajno, einem ruhigen, sauberen Badesee. Im Wald ist es kühler, jetzt verstehe ich, warum sie mir riet, mehr als ein Hemdchen anzuziehen. Auch das Sonnenlicht ist zwischen den hohen Kiefern nur noch zu erahnen. Manchmal liegt es in Scheiben auf dem genügsamen Waldboden.

Ich atme ein. Dieser Duft aus Kiefernnadeln und Moos ist für mich der Inbegriff des Waldes. Oh, aber ich muss mich doch aufs Reiten konzentrieren! Paulina ist weit voraus. Ich muss Haltung bewahren, presse meine Schenkel an den breiten Rumpf von Malina, meiner Trakehnerstute. Paulina ruft: »Komm!« Ich schlage meine Hacken in Malinas Seiten.

Es ist wie ein Waldtunnel. Links und rechts nur Moos und Kiefern und all ihre Geheimnisse. Der Geruch und der Anblick von Wald und Pferd beruhigen mich, die ungeübte Reiterin. Geradezu meditativ traben wir nebeneinander her. Ich atme wieder tief ein und aus, so tief ich kann. Ich möchte diesen Geruch

> Dieser Duft aus Kiefern-
> nadeln und Moos ist für mich
> der Inbegriff des Waldes.

für immer in mir verschließen. »Hier gibt es auch Wölfe«, sagt Paulina, deren blonder Pferdeschwanz auf und ab wippt, und erzählt mir ein paar Gruselgeschichten.

Dann fragt sie: »Willst du galoppieren?« Ich sehe sie an und sage nur: »Ja!« Mit ein paar Kommandos und der Gerte gibt sie Malina zu verstehen, dass sie einen Zahn zulegen los. Und dann geht's los! Ich kann jetzt nicht mehr auf den Wald achten. Ich spanne alle nötigen Muskeln an, um sicher im Sattel zu bleiben, und lehne mich leicht nach vorn. Es ist unfassbar. Ich galoppiere! Sogar meine Haare wehen im Wind. Ich denke an all die Pferdeträume, die ich mir in der Kindheit nicht erfüllen konnte, da bremst Paulina auch schon wieder ab und grinst mich an. »Nicht übertreiben«, sagt sie und lacht.

Irgendwann machen wir eine Pause, trinken einen Schluck Wasser, während die Trakehnerstuten am Baum festgemacht sind und sich ein paar Blätter einverleiben. Dann treten wir den Rückweg an. Ich bin beseelt vom Erlebten und genieße das ruhige Traben durch den Wald, den Rhythmus, den Blick durch das Meer endloser Kiefernstämme.

Wir erreichen den See an der Pension. Paulina reitet einfach hinein und gibt mir zu verstehen, es ihr nachzumachen. Die Pferde scheinen das Prozedere zu kennen. Sie steigt ab und wäscht sie mit dem kühlen Wasser ab. Danach bringen wir sie auf die Weide. Als sie das Gatter schließt, sinke ich ins Moos. Heute, denke ich, sind Malina und ich mit der Natur verschmolzen. Ich bin sicher, es wird nicht das letzte Mal gewesen sein. ◄◄

vorige Seite Der Świętajno-See gehört zu den saubersten in ganz Masuren.
ganz links Reiterglück: endlose Waldwege, gesäumt von wenigen Laubbäumen und unzähligen Kiefern.
links Das duftende Kiefernholz hat einen besonders hohen Harzanteil.
oben Im Nationalpark Masuren werden die seltenen Tarpan-Pferde gezüchtet.

WAS MASUREN AN KÖSTLICHKEITEN ZU BIETEN HAT

3 × EINFACH GUT!

PENSION RACIBÓR: Die Familie Adamski bewirtet diesen malerisch gelegenen Gasthof einfach und lecker. Es gibt polnische Speisen und man wird auf jeden Fall satt. Wer mit Kindern reist, kann sich hier super entspannen. Der See mit Strand, Steg, Tretboot und Kanu liegt vor der Tür. Die Wildsau suhlt sich im Schlamm und die Pferde stehen gleich daneben.

OBERZA POD PSEM: Einer der schönsten Orte, die ich kenne. Das alte Masuren wird hier wieder lebendig. Das Ehepaar Worobiec hat historische masurische Holzhäuser vor dem sicheren Verfall gerettet und sie in einem kleinen Dorf wiederaufgebaut. Auch für Kinder gibt es genug Platz. Das Essen ist unbeschreiblich, köstlich, perfekt! 2016 zeichnete »Gault & Millau« die Küche aus.

KARCZMA SPYCHOWO: Für jeden Geschmack ist in diesem urigen Restaurant etwas dabei, die gute masurische Fischküche ebenso wie deftige Fleischgerichte, etwa Reibekuchen mit Gulasch. Hier kann man leicht auf der Durchreise essen, das Lokal liegt direkt an der Straße. Und vielleicht wird ja im Festsaal nebenan gerade eine polnische Hochzeit gefeiert.

Białowieża-Nationalpark – Polen

Im Reich der
WISENTE & EICHEN

➠ Könige aus dem Märchen tragen rote Mäntel und Pelz aus Hermelin. Der, vor dem ich gerade stehe, hat sich in leuchtend grünen Samt aus Moos gehüllt. Erhaben reckt er seine Krone in den grauen Winterhimmel weit im Osten Polens. Seine Majestät ist eine Eiche.

Von Carsten Heinke

Mit 30 Meter **Höhe und vier Meter Bauchumfang** zählt »August der Starke« zu den mächtigsten Bäumen am Weg der Königseichen bei Pogorzelce. In ganz Białowieża gibt es jedoch etliche, die ihn überragen. Die höchsten Eichen des Urwalds, der sich tief nach Belarus hinein erstreckt, schaffen es auf bis zu 50 Meter.

»Augusts« kahle Äste sind verwachsen, faltig und vernarbt wie die Glieder eines greisen Menschen. Und ebenso wie dieser benutzt sie der bejahrte Baum mit Stolz und Würde. 1670, als der spätere Kurfürst Sachsens und Polen-König geboren wurde, war der hölzerne Hüne, der heute dessen Namen trägt, bereits ein Bäumchen. Nun ist er ein Denkmal – wie seine Altersgenossen, von denen ich noch 23 auf dem Rundweg sehe.

Die Tage dieser Riesen sind gezählt. Meistens sterben sie im Stehen und genauso langsam, wie sie wuchsen. So lange auch nur an den letzten Zweigen Knospen sprießen, steckt darin Leben – genau genommen auch noch danach. Denn jeder tote Baum – ob aufrecht stehend oder liegend – bietet Nachbarorganismen Raum und Nahrung. Vor allem Pilze und Insekten machen mit der Zeit das Holz dem Boden gleich und schaffen damit Platz für Nachwuchs.

Ich laufe weiter und genieße das Gewirr aus wilden Linien, das der Wald aus unzähligen Holzstrukturen zeichnet. Neongrüne Flecken flimmern aus dem Wintergrau. Es sind die dick bemoosten Rinden alter Eichen, Buchen, Eschen, Linden. Je länger meine Augen an einem Punkt verharren, umso mehr erkenne ich, was hinter dem vermeintlichen Gekritzel steckt: System, Ästhetik, Harmonie. Die Natur ist nicht nur eine Malerin. Sie ist auch eine Meisterin der Grafik.

Sümpfe, feuchtes Laub und Gras schlucken die Geräusche. Es ist völlig still an diesem Januartag. An anderen Tagen kreischt leider vielerorts die Kettensäge. Denn obwohl größtenteils als länderübergreifender

Nationalpark, Weltnaturerbe und Biosphärenreservat der UNESCO geschützt, droht dem Lebensraum von Wisent, Wildpferd, Elch und Wolf und Tausender anderer Tier- und Pflanzenarten Gefahr durch Rodung.

Tannen tauchen aus dem Nebel auf. Mit ihren schwer herabhängenden Nadelzweigen erinnern sie an löchrige Gardinen. Gut, dass sie meine Aufmerksamkeit erregen. Denn hinter ihnen wartet eine Überraschung: Auf einer Lichtung, keine 100 Meter entfernt, steht eine Gruppe von Wisenten.

Vor Kraft strotzend, wenden sie mir ihre Hörnerhäupter zu. Misstrauisch blicken sie herüber. Ihr Atem dampft. Ich bin außer mir vor Freude. Zugleich erwische ich mich bei der Suche nach dem nächsten Baum, auf den ich klettern könnte – kämen sie jetzt auf mich zu gerannt. Doch die großen, wunderschönen Tiere haben offenbar noch mehr Respekt vor mir als ich vor ihnen. Denn bevor ich auch nur einen Fuß bewege, trollen sie sich in die Gegenrichtung.

Die friedlichen, scheuen Wildbüffel, die einst fast ganz Europa bewohnten, sind die Wappentiere des polnisch-weißrussischen Urwalds. Nachdem sie in freier Natur bereits ausgestorben waren, züchtete man mit gefangenen Tieren eine neue Population. Die Jagd, die die Art am Ende beinahe völlig vernichtet hatte, trug zugleich zu ihrer Rettung bei. Denn als Exklusiv-Trophäen von Regenten schützte man die Wisente von Białowieża noch lange, als sie anderswo längst ausgerottet waren.

Zaghaft zirpen ein paar Meisen. Gleichfalls sacht und rücksichtsvoll, als wollte er nicht stören, klopft irgendwo ein Specht an einen hohlen Stamm. Ich wünsche mir, dass diese Stimmen der Natur die einzigen Geräusche bleiben im Wald der Könige, in dem die wahren Herrscher Wisente und Eichen sind. ◂

vorige Seite Zu den vielfältigen Landschaften des Białowieża-Urwalds gehören auch ausgedehnte Sumpfgebiete. Dieses befindet sich unweit des beliebten Wanderweges Żebra żubra, der teils auf Holzwegen durch den Moorwald führt.
links Über 350 Jahre alt ist die bemooste Königseiche »August der Starke«.
links unten »Achtung! Wisentland«: Verkehrszeichen mahnen Autofahrer zur Vorsicht.
unten Ein verliebtes Wisentpaar beim Kuscheln: links der Bulle, rechts die Kuh.
rechts Zum obligatorischen Schwarz-Weiß der Birkenstämme mischt sich im Białowieża-Urwald noch das Grün der Moose.

5 × KÖNIGSWEGE

ANREISE: Mit dem Zug über Warschau bis Białystok oder Hajnówka. Von dort jeweils per Bus nach Białowieża. Die Fahrt mit dem Auto dauert beispielsweise von Leipzig knapp zehn Stunden.

ÜBERNACHTUNG: Im Dorf Białowieża gibt es zahlreiche preiswerte Unterkünfte vom privaten Gäste-zimmer bis zum Viersternehotel.

INFOS ZUM WALD: Im Besucherzentrum von Białowieża kann man Wanderungen – auch mit Guide – planen. Wissen rund um den Nationalpark vermittelt ganz in der Nähe auch das Museum auf dem Palasthügel. Einst stand hier ein kleines Jagdschloss der russischen Zarenfamilie. Reste davon be-inhaltet das heutige Gebäude.

TIERPARK: Im Rezerwat Pokazowy Żubrów am Ortsrand von Białowieża lassen sich Urwaldbewohner wie Wisente, Tarpane (Wildpferde), Elche, Hirsche und Wölfe aus nächster Nähe beobachten.

GRENZE: Der größte Teil des Nationalparks befindet sich in Belarus (Weißrussland). Die Einreise für dieses Gebiet einschließlich der Städte Brest und Grodno ist bis zu zehn Kalendertage visafrei möglich. Nötig sind Reisepass, eine anerkannte Krankenversicherung sowie Zahlungsmittel im Wert von ca. 23 Euro pro Tag. Für die Einreise per Pkw gelten besondere Vorschriften. Vorsicht an der »Grünen Grenze«! Illegale Übertritte, wenn auch »nur zum Spaß«, werden streng geahndet.

WAS krabbelt DENN DA?

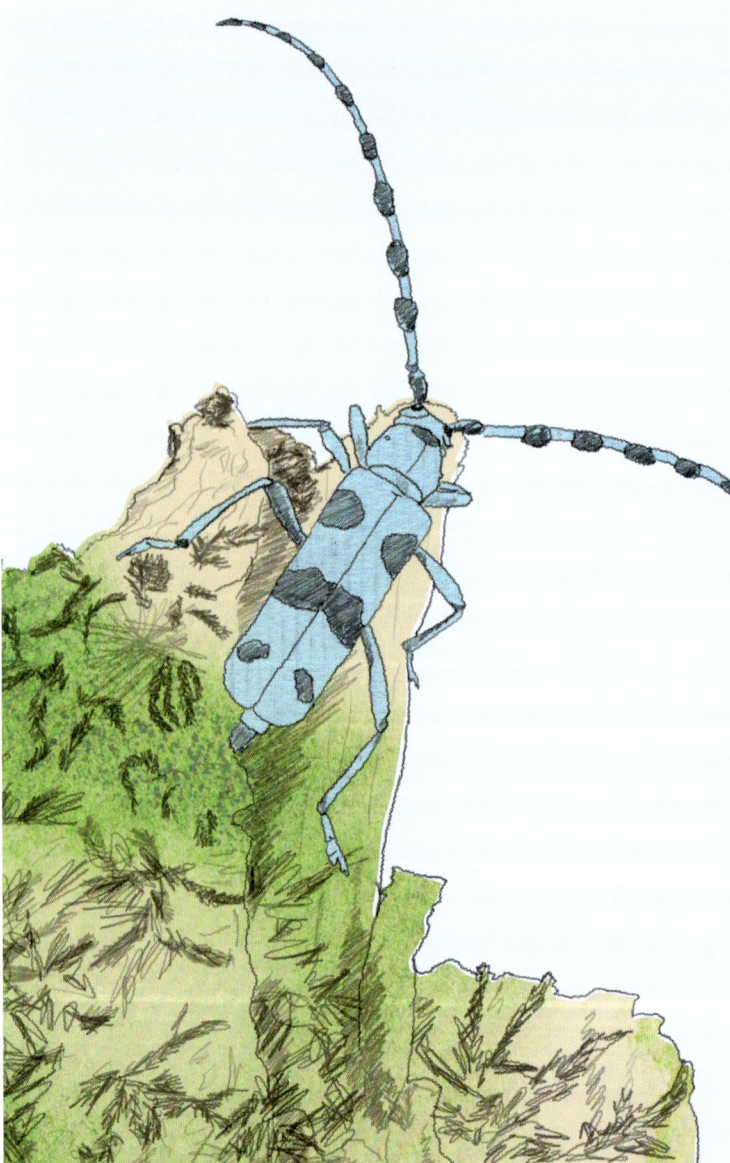

Von Marion Hahnfeldt

ein Spaziergang im Wald ist nicht nur schön und erholsam, es lassen sich auch wunderbare Dinge entdecken.

Eine Welt nämlich mit Tausenden von Bewohnern – großen Tieren, kleinen, Mini-Tieren, mit dem bloßem Auge oft nicht zu erkennen. Doch gerade die Allerkleinsten sind es, die zusammen mit Pilzen und Bakterien für das Ökosystem wertvolle Arbeit leisten.

Der Alpenbock etwa, der Schönste der Schönen. Die Glieder seiner blauen Fühler tragen schwarze Büschel, als wäre er auf dem Weg zu einer Ballnacht. Sein Panzer schillert schwarzblau. Er ist der Ästhet unter den Waldkäfern, prächtig, bescheiden, äußerst verletzlich. Und während sein Dasein als Larve mehrere Jahre währt, bleibt ihm im nächsten Stadium als Käfer kaum mehr Zeit: Nach wenigen Wochen stirbt das aparte Tierchen – und mit ihm ein wertvoller Diener des Waldes. Wie viele andere Artgenossen legt er seine Larven in abgestorbenes Holz. Die Larven fressen das

Holz, ein ewiger Kreislauf, ein Geben und Nehmen, alles hat seine wunderbare Ordnung.

Etwa 8000 Käferarten gibt es in Mitteleuropa, 6500 Arten wurden bisher in Deutschland nachgewiesen, sie bilden die größte Tiergruppe überhaupt. Ihr Körperbau und ihre Fähigkeiten haben sie im Laufe von Jahrmillionen zu einem erfolgreichen Bewohner dieser Erde gemacht, ohne sie käme der gut eingespielte Kosmos zum Erliegen. Und man muss nur mal einen Blick in eine der Internet-Datenbanken werfen, um zu sehen, wie groß ihr Einfluss, wie groß die Vielfältigkeit ist: Eremit, Hirschkäfer, Eichenheldbock … Der Ameisenbuntkäfer stellt dem verhassten Borkenkäfer nach, der Zuckerkäfer kaut das Holz von morschen Bäumen und verfüttert es an seine Larven, der Waldmistkäfer rollt das, wofür er mit seinem guten Namen steht.

Wie das alles genau funktioniert und warum, das lässt sich ganz wunderbar bei einer der vielen geführten Waldwanderungen entdecken, landauf, landab werden sie von Naturschutzorganisationen angeboten. Die beste Zeit dafür ist der Sommer. Dabei erfährt man, dass der Name Käfer vom mittelalterlichen Wort »kiefern« kommt (was in etwa nagen oder kauen bedeutet), dass manche Käfer das Hundert- oder Tausendfache des eigenen Gewichts locker tragen können, dass es gute und böse Käfer gibt: Die einen helfen dem Wald bei seiner Ordnung, andere kommen, um ihn zu zerstören.

Während in Japan bis heute die Zucht von Hirsch- und Riesenkäfern beliebtes Hobby ist, bitten unsere Naturschützer darum, von einer hauseigenen Insektensammlung abzusehen. Viele Käferarten sind bereits bedroht und stehen unter Artenschutz. Die Lage, sagen sie, ist beunruhigend, auch wenn es immer mal wieder Erfolgserlebnisse über eine gerettete Art gibt.

Wer selbst aktiv werden will, kauft sich stattdessen vielleicht einen Käfer- und Insektenführer und fotografiert während seines Spazierganges aufmerksam die Fauna. In Internet-Datenbanken und mithilfe von Fachbibliotheken lassen sich die Arten problemlos bestimmen. Und wer Glück hat, sieht einen Alpenbock. Der hat seine Zeit hinreichend verplant: Brutbaum suchen, Brutbaum finden, Partner suchen, Partner finden, eine ganze Stunde geht für die Paarung drauf und damit endet beinahe sein Wirken. Vergessen wird der Alpenbock deswegen nicht. Seine Schönheit hat ihm großen Ruhm beschert. Er ziert eine Briefmarke, verschiedene Zeitschriften und Naturparks nutzen ihn als Logo und in Russland hat er es sogar auf eine Münze geschafft. Der Alpenbock ist das Pin-up des Waldes. Ein weiter Weg für einen kleinen Käfer.

Er ist der Ästhet unter den Waldkäfern, prächtig, bescheiden, äußerst verletzlich.

{ Buschwindröschen – erste BLÜTENTUPFER nach einem langen **WINTER** }

Hohe Tatra – Polen / Slowakei

TANNEN-
träume

➡ 300 zackige Spitzen, 110 tiefgrüne Bergseen, urige Hütten in tiefen Wäldern und traumhafte Ruhe: Auf 50 × 15 Kilometer präsentiert sich die Hohe Tatra als Tannentraum in XXL. Doch damit nicht genug: 26 Gipfel sind höher als 2500 Meter – sie machen die Hohe Tatra zum kleinsten Hochgebirge der Welt. Absolut einmalig ist auch ihr Klima mit 2000 Sonnenstunden im Jahr. Von Ostern bis Oktober ist sie ein Wanderparadies, im Winter ein Skizirkus voller Abwechslung.

vorige Seite Tiefe Wälder und rauschende Bäche …
links Solide: Haus in Chochołów aus jahrhundertealtem Holz.
Mitte Rätselhaft: *Morskie Oko*, Meeresauge, nennen die Goralen den Bergsee.
rechts Geduldig: Jan Urbas bereitet auf dem Feuer *Oscypek*.

Versteckt sich im »Meeresauge« ein Tunnel zum Meer?

Von Hilke Maunder

Langsam steigt die Sonne

hinter dem Wald auf und lässt den Morgentau im Tal von Podhale funkeln. Mitten im Sommer ist die Luft würzig, kitzelt die morgendliche Frische die Haut. Zu Hunderten grasen Schafe hinter einer *Bacówka*, einer dunklen Zelthütte aus Holz. Aus dem Kamin steigt Rauch auf. Drinnen rührt Jan Urbas mit einer großen Holzgabel im Kessel auf dem Feuer Schafsmilch und Lab, bis sich erst kleine, dann immer größere Käseklumpen bilden. Den ganzen Sommer wohnt der 63-Jährige hier, schläft auf einem klapprigen Metallbett neben der Flamme, während auf den Firstbalken über dem Feuer der salzige Hartkäse *Oscypek* im Rauch reift.

Jan ist ein Gorale, ein Berghirte. Sein Heimatdorf ist Chochołów. Grobe Blockhäuser, erbaut aus einem einzigen Baum, säumen giebelständig die schmale Straße, ducken sich unter wuchtigen Satteldächern und Halbgiebeln aus Holzschindeln. Einen Meter dick sind die Wandbalken, geschlagen aus all jenen Baumveteranen, die sich in der Hohen

Tatra an den Fels krallen. In den Vorgärten blüht Löwenzahn; die Scheunen teilen sich Schafe, Kühe und Karpatenkäse.

Für sechs Złoty, nicht einmal zwei Euro, verkaufen Frauen mit Kopftuch den traditionellen Käse der Berghirten auf den Märkten.

Noch etwas Wasser, ein rustikales Bauernbrot und schon lasse ich mich von der ältesten Gondelbahn Europas auf den Kasprowy Wierch (1985 Meter) bringen. Der Hausberg von Zakopane ist im Winter Skiterrain von Cracks, im Sommer Aussichtsgipfel im kleinsten Hochgebirge der Welt. Sein Hauptkamm bildet die Grenze der beiden Tatra-Nationalparks in

Polen und der Slowakei: ein riesiges Waldland, fast 1000 Quadratkilometer groß, eine Orgie in Grün. Mit tiefgrünen Tannen im Tal, Millionen Fichten in der Mitte und zerzausten Zwergkiefern in der Höhe. Luchs, Wolf und Braunbär streifen durchs Unterholz, Murmeltiere tollen auf den Almen. Geradezu elegant zieht das scheue Wappentier des Nationalparks über die Geröllfelder: die Tatra-Gams – die alten Herren sind Einzelgänger, die jungen Kerle, Geißen und Kitze leben in Herden.

Mir begegnen unterwegs Rehe und Hirsche, Wildschweine, Füchse und immer wieder neugierige Eichhörnchen, während ich der steilen Bergstraße

Hier ist es schön, hier bleibe ich.

hinauf zum See Morskie Oko folge, stramm bergauf, stundenlang. Immer wieder überholen mich Pferdekutschen. Soll ich zusteigen …?

Als Flachlandtirolerin rinnt mir der Schweiß von der Stirn. Nur selten gewähren Tannen etwas Kühlung. Eine letzte Steigung, dann kommt eine rustikale Berghütte in Sicht, erbaut aus dunklem Holz. Auf ihrer Terrasse bestimmt das Klicken der Kameras den Rhythmus der Gespräche. Smaragdgrün und glasklar ruht das »Meeresauge« in einem Kessel aus Kalk auf 1393 Meter Höhe. An seinen zerklüfteten Flanken hängen selbst im Sommer steile Schneebänder. Moose

und Farne wuchern am Ufer, Sumpfdotterblumen leuchten gelb in den Feuchtwiesen. Kinder lassen Kiesel ins Wasser hüpfen. Kunststudenten halten eine sagenhafte Szenerie auf ihrer Staffelei fest: schwimmende Fische unter meterdickem Eis. Dieses ungewöhnliche Naturschauspiel ließ die Goralen an eine unterirdische Verbindung mit der Adria glauben. Sogar Wracks von Schiffen, im Meer versunken, sollen im Morskie Oko wieder aufgetaucht sein. Erst in den 1990er-Jahren entzauberten polnische Geologen die Legende der Vorväter: Der See sei genau 50,80 Meter tief – die Verbindung zum Meer reinste Fantasie. ◀

links Im Sommer sind die Wiesen bunt – überall setzen kunterbunte Wildblumen farbige Tupfer ins Grün.
oben / rechts In alten Käsehütten gefertigt, im Rauch gereift, geformt und geschmückt: der Hartkäse *Oscypek* – Spezialität der Hohen Tatra.

3 × EINZIGARTIG UND SPITZENMÄSSIG

SPITZE: Die Hohe Tatra ist in den oberen Lagen ein hochalpines Terrain. Die meisten Gipfel dürfen nur mit Bergführer bestiegen werden. Ausnahme: die drei Zacken des 2499 Meter hohen Rysy. Sein Nordwestgipfel ist Polens höchste Spitze, die beiden anderen liegen in der Slowakei. Der Grenzübergang ist schwindelregend. Hinauf geht's ab Lysá Polana.

PATRIOTISCH: Jedes Jahr am 16. August stapfen die Slowaken durch Altschneefelder hinauf zum Kriváň (Krummhorn) – der Berg ist seit 1841 Nationalsymbol der Slowakei und sogar auf den Ein-, Zwei- und Fünf-Eurocent-Münzen abgebildet. Von der Hohen Tatra über die Niedere Tatra bis zur weiten Zipser Ebene liegt Ihnen dann die Slowakei zu Füßen.

PROST: Im Winter geht nichts über *Grzane piwo*, sagen die Locals in der hohen Tatra und lassen es begeistert durch die Kehlen rinnen: lauwarmes Bier, gemixt mit Sirup und winterlichen Gewürzen wie Nelken, Sternanis, Kardamom und Zimt. Getrunken wird das »Glühbier« stets per Strohhalm. Und oft noch versetzt mit einem ordentlichen Schuss Rum ...

Südkarpaten – Rumänien

DAS LAND JENSEITS DER *WÄLDER*

➡ Hoch erheben sich die Gipfel des Piatra-Craiului-Gebirges am Rande Transsilvaniens, umgeben von einem großen Waldgebiet. Das Land jenseits der Wälder ist wie kein anderes von Legenden und Mythen umrankt, längst bevor es unwiederbringlich mit heulenden Wölfen und Draculas spitzen Eckzähnen verbunden war.

vorige Seite Abends breitet sich Nebel aus: weiter Blick zum Königsteingebirge Piatra Craiului.
oben Schloss Bran: Hier soll der sagenumwobene Graf Dracula gehaust haben.
Mitte Uralte Buchen in einem Hutewald.
rechts Bären leben hier in freier Wildbahn und im Reservat Libearty Bear Sanctuary.

Von Cornelia Dörr

Als wir zum ersten **Mal das schroffe** Piatra-Craiului-Gebirge (Königsteingebirge) erblicken, ist uns eines klar: Es wird nicht leicht, sich mit dem schweren Fotogepäck einen Weg zu bahnen. Der etwa 25 Kilometer steile, lang gestreckte Grat ist das längste Kalksteingebirge Rumäniens und liegt zwischen Brașov (Kronstadt), Zărneşti und Rucăr. Der höchste Gipfel La Om bringt es auf 2238 Meter. Zahlreiche, wilde Schluchten ziehen sich durch die weißen Jurakalkwände.

Wir starten in Prăpăstiile Zărneştilor bei Zărneşti – in dem Canyon wurden Szenen des Oscar-prämierten Films »Cold Mountain« gedreht. Durch die Schlucht führt zuerst ein breiter Weg, dann wird es eng und enger. Links und rechts ragen gigantische Felsen auf, an manchen Stellen ist der Canyon nicht mehr als vier oder fünf Meter breit. Ich finde die Nebenflusstäler noch interessanter – ohne Fußwege und menschliche Einflüsse. Ein kleiner Bach kreuzt den Weg, über Kaskaden sprudelt das Wasser munter ins Tal hinab.

Immer tiefer dringen wir in die Wälder. Alte Bäume voller Geheimnisse. Außer dem Klopfen der Spechte herrscht absolute Stille. In den Karpaten gibt es europaweit das größte zusammenhängende Waldgebiet außerhalb Russlands. Das sind die hügeligen und geheimnisvollen Wälder, durch die die Kutsche des dunklen Grafen Dracula fuhr, begleitet vom Heulen der Wölfe. Zuerst im dichten Buchenwald, dann durch Fichten führt der Weg über glitschige Steine zur 1470 Meter hoch gelegenen Curmatura-Hütte. Die Dämmerung bricht bereits herein, als wir ankommen und von Reta und Vasile herzlich begrüßt werden.

{ *Wälder und Wolken* }

OHNE ANFANG UND ENDE

Am nächsten Morgen zieht dicker Nebel auf. Wir beschließen, nicht weiter zum Piatra Mica (Kleiner Königstein, 1816 Meter) und Piatra Mare (Großer Königstein, 2238 Meter) zu wandern. Der Abstieg ist fast noch beschwerlicher. Dann bricht die Sonne hervor. Im leichten Gegenlicht wirken die Silhouetten der Felsen, der Zinnen und des Waldes zwischen dem großen und kleinen Königstein düster. Es ist jenes mystische und geheimnisvolle Licht, das wir mit der Landschaft Transsylvaniens verbinden. Jedes Geräusch nehmen wir auf. Wir denken an die Braunbären, die es hier noch zahlreich geben soll. Vor ein paar Tagen hat uns der Wildbiologe Christoph Promberger erzählt, dass in den rumänischen Karpaten ein Drittel aller Wölfe und Luchse und die Hälfte aller Braunbären Europas leben. Die Sonne ist bereits untergegangen und langsam geht der Mond auf. Plötzlich hören wir ein Murren im Gestrüpp – und nehmen unsere Füße in die Hand. Bis zum Auto ist es nicht mehr weit.

Das Land um das Piatra-Craiului-Gebirge ist geprägt durch Wälder mit kleinen Almen und Dörfern. Die Zeit scheint hier stehen geblieben zu sein, wir fühlen uns um 100 Jahre zurückversetzt. Manche Dörfer sind so abgelegen, dass sie nur durch uralte Hohlwege zu erreichen sind, der Pferdewagen (Caruta) ist allgegenwärtiges Transportmittel. Die Menschen sind häufig Selbstversorger, bauen auf ihren kleinen Feldern Kartoffeln, Getreide und Gemüse an. Meist besitzen sie nur ein paar Kühe, Ziegen, Schafe oder Schweine. Zeit ist hier eine Dimension, die keine Rolle spielt. Seit Jahrhunderten ziehen Schäfer mit ihren Herden durch diese Landschaft und diese Art der Bewirtschaftung bringt eine enorme biologische Vielfalt hervor.

Nicht weit von Brașov und eingebettet in die Hügellandschaft Transsilvaniens steuern wir zum Schluss Castelul Bran (1377) an. Besser bekannt als das Schloss des Grafen Dracula. Allerdings: Der walachische Fürst Vlad III. Dräculea, Vorbild für die Romanfigur von Bram Stoker, hat das Schloss wahrscheinlich nie betreten. ◀◀

rechts Auf einer Alm in der Nähe von Zărneşti: Die *caruta* dient Bauern immer noch als Transportmittel.
Mitte Goldener Herbst in der Hügellandschaft der südlichen Karpaten.
unten Zauberhafter Moment: einfallende Sonnenstrahlen an einem nebligen Morgen.

Das Land jenseits
der Wälder ist von Legenden
und Mythen umrankt.

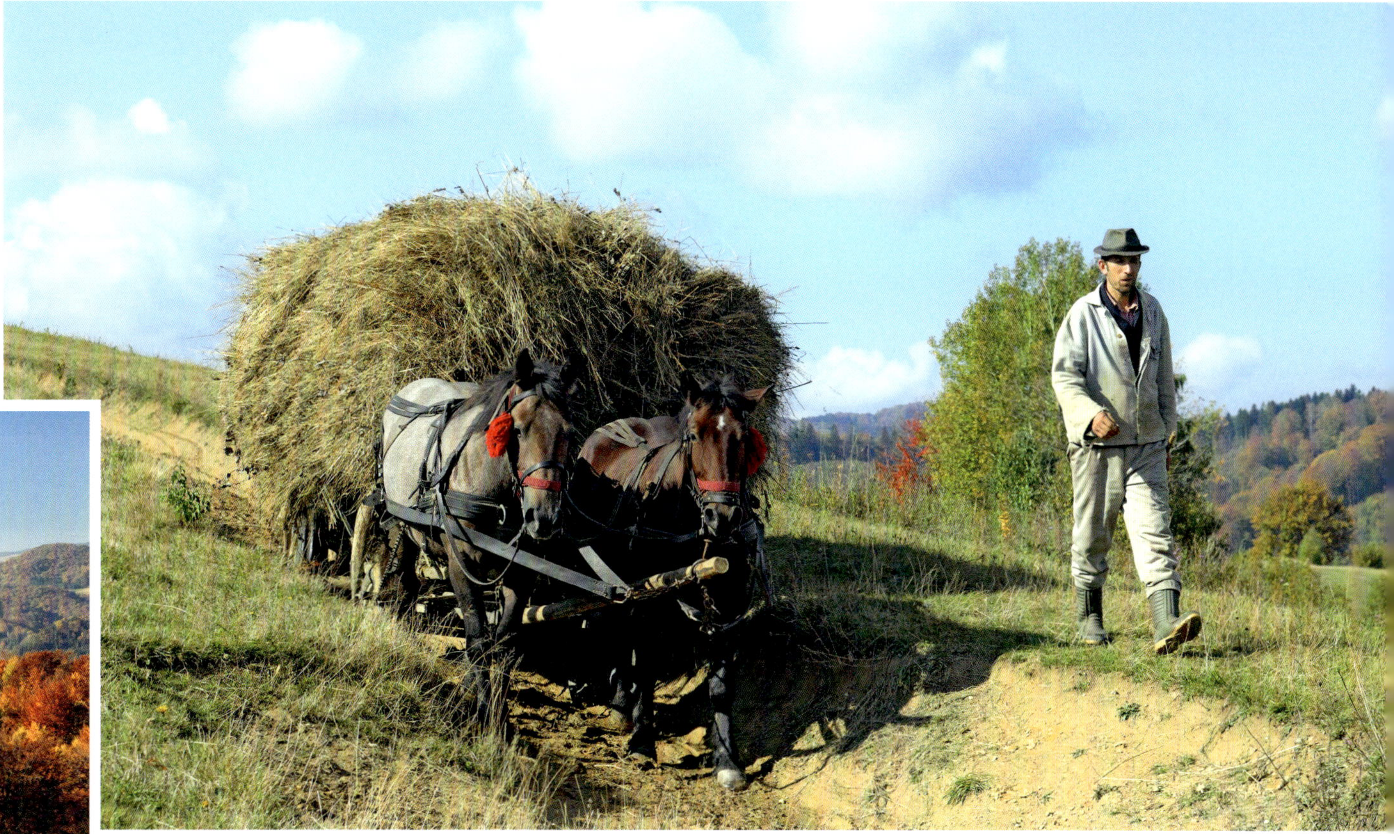

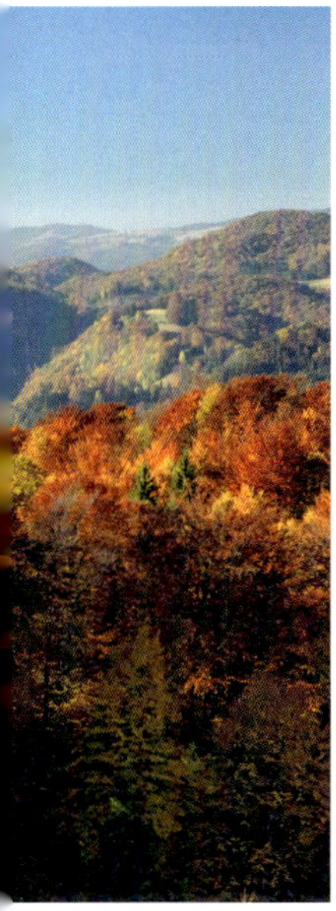

NATUR AKTIV GESTALTEN IM UND AM PIATRA-CRAIULUI-GEBIRGE

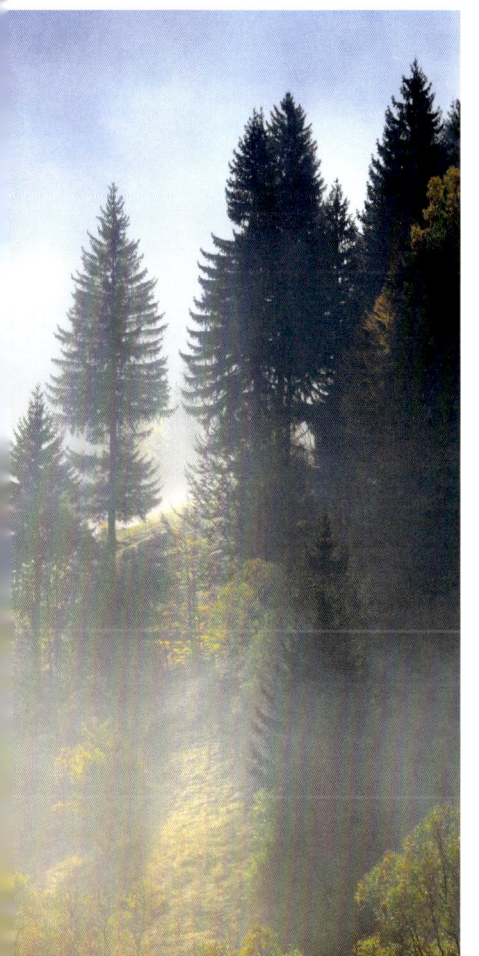

3 × BÄREN UND MEHR

NEUE HEIMAT FÜR BÄREN: Ganz in der Nähe von Zărneşti liegt das Bärenreservat Libearty Bear Sanctuary. Seit 2005 kümmert sich die Tierschützerin Cristina Lapis um Bären, die von Menschen misshandelt wurden. Jedes Tier hat seine eigene traurige Geschichte und jede der Geschichten hat Cristina tief berührt. In knapp 70 Hektar Wald können die Bären nun so leben, wie es ihre Art erfordert. Besucher sind willkommen!

WILDER WALD: Christoph Promberger und seine Frau Barbara haben eine Vision: dem Menschen ein Stück Natur zu erhalten – und dem Bären seine Heimat. Dafür sammeln sie in ihrer Fundaţia Conservation Carpathia Spenden aus aller Welt. 2000 Quadratkilometer Wald wollen sie kaufen, nur um ihn teilweise aufzuforsten und wieder zu dem werden zu lassen, was er einmal war: Urwald.

ÖKOLOGISCH UND GUT: Katharina und Herman Kurmes haben den Verband des Ökotourismus in Rumänien gegründet. Und verwöhnen nun in ihrer »Villa Hermani« die Gäste nach Strich und Faden. Auch Exkursionen in die wunderbare Natur bieten sie an. Die Pension liegt auf 1020 Metern im Hirtendorf Măgura am Fuße des Königsteins. Im Sommer gibt's Gemüse, Salate und Obst aus dem eigenen Garten.

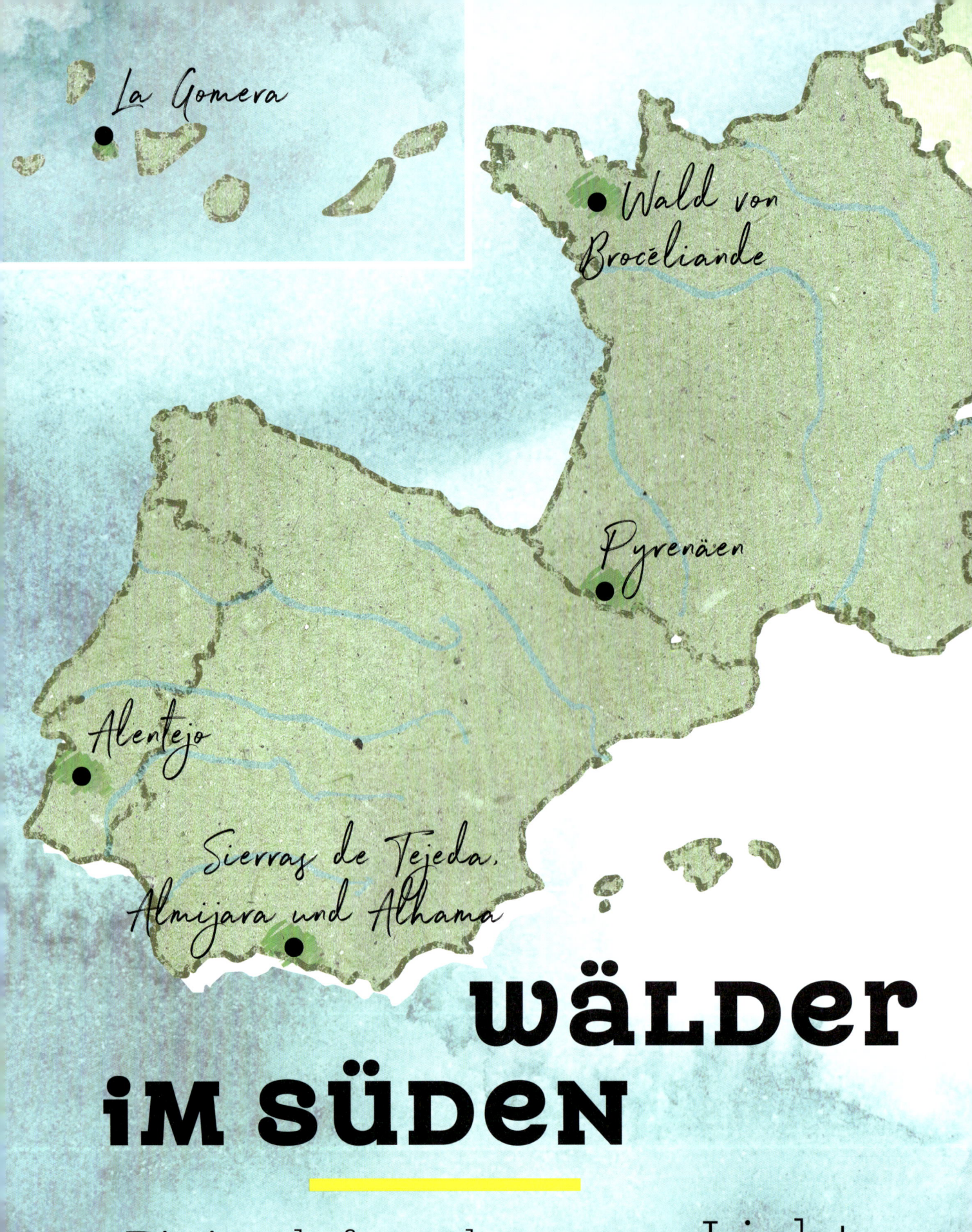

La Gomera

Wald von Brocéliande

Pyrenäen

Alentejo

Sierras de Tejeda, Almijara und Alhama

WÄLDER IM SÜDEN

Pinienduft und warmes Licht

Seit 1075 schon wächst Adonis im Hochland des nördlichen
Griechenlands und gilt damit als Europas ältester Baum.
Adonis ist eine Kiefer, ihr Alter konnte anhand der
Jahresringe nachgewiesen werden.

+++

Zu den waldreichsten Ländern Europas zählt Slowenien.
Luchse, Wölfe und Bären sind dort zu Hause und ein Bär
war es auch, der Berühmtheit erlangte, als er 1972 von Bela
krajina in Richtung Norden aufbrach und über die Alpen bis
vor die Tore Wiens gelangte.

+++

Crna gora lautet Montenegros wahrer Name, was in etwa für
»Land der Schwarzen Wälder« steht. Passend dazu gibt es
dort einen der letzten drei Urwälder Europas.

+++

In Italien sind Maronen eine Delikatesse. Wegen ihres hohen
Anteils an Vitamin A, B1, B2, an Calcium, Kalium und
Magnesium gelten sie als sehr gesund. Kein Wunder, dass die
Esskastanie 2018 zum Baum des Jahres gekürt wurde.

Logarska
dolina

Val Grande

Grüner
Karst

Nationalpark Durmitor

Zagoria

Sila-Nationalpark

Logarska dolina – Slowenien

ZUM GLÜHEN DER
ALPEN

➥ Mit einem leisen Knarren öffne ich das Fenster meines rustikalen Zimmers. Kalte, klare Bergluft und der erdige Geruch des Waldes schlagen mir entgegen. Ich ergötze mich am Anblick der herbstlich gefärbten Bäume neben der steilen, teilweise mit Schnee überzogenen Bergwand. Plötzlich linst ein Sonnenstrahl über die Gipfel – ganz so, als wolle er mir guten Morgen wünschen. Guten Morgen auf Slowenisch!

Den Gipfeln
so nah ...

Von Kerstin Beck

Mit seiner alpin **geprägten Landschaft,** den tiefen Wäldern, gemütlichen Bauernhäusern und der deftigen Küche erinnert mich der Norden Sloweniens auf den ersten Blick an Österreich. Wer ein wenig in die Geschichte des Landes eintaucht, versteht auch warum: Die Habsburger beherrschten das heutige Slowenien von 1456 bis zum Ersten Weltkrieg und hinterließen Kulturgut, das bis heute fortlebt. Aber nicht nur sie, auch die italienischen, kroatischen und ungarischen Nachbarn drückten dem kleinen Land an der Adria ihren Stempel auf. Die Folge: ein wunderbarer Schmelztiegel aus Kultur und Kulinarik. Genau das macht Slowenien in meinen Augen zur (leider häufig übersehenen) »Perle der Adria«.

Es gibt Orte, die sind beinahe zu schön, um wahr zu sein. Das slowenische Bled, der erste Stopp meiner Reise, ist einer davon. Stell dir einen tiefblauen See vor, der durch eine grandiose Berglandschaft mit schneeweißen Gipfeln eingerahmt wird. Im See liegt eine Insel mit einer hübschen Kirche, kleine Holzboo-

te dümpeln im glitzernden Wasser und über allem thront majestätisch eine alte, in den Fels gebaute Burg. Die Krönung bilden die in allen erdenklichen Herbstfarben leuchtenden Bäume, die das Seeufer säumen. Um die Pracht noch besser überblicken zu können, mache ich mich auf den steinigen Aufstieg zu einem der beiden Aussichtspunkte über dem See. Und was soll ich sagen: Der Ausblick ist atemberaubend!

Ganz erfüllt von meinem ersten Eindruck schwinge ich mich ins Auto. Die Landstraße, auf der ich den Großteil der Strecke zurücklege, schlängelt sich durch tiefe Täler, vorbei an kleinen Dörfern und durch kunterbunte Wälder. »Der Weg ist das Ziel« war noch nie so treffend. Schließlich öffnet sich das

letzte große Waldstück und mir stockt der Atem: Ein Tal mit friedlich grasenden Kühen und traditionellen Bauernhöfen, flankiert von buntem Herbstwald und schneebedeckten Bergen breitet sich vor mir aus. Über allem liegt eine unbeschreibliche Ruhe. Logarska dolina (deutsch: Logartal) ist zu Recht eines der schönsten Gletschertäler der Alpen. An dessen Ende, mitten im Wald und am Fuße der Berge finde ich schließlich mein Nachtlager: die Logarski kot, eine urige Berghütte mit knarzenden Böden, wärmendem Kaminfeuer und jede Menge Charme. Bei einem slowenischen Bier und einer zünftigen Mahlzeit lasse ich den Abend in der heimeligen Gaststube ausklingen, bevor ich mich in mein kleines, aber feines Zimmer zurückziehe.

vorige Seite Die Insel im Bleder See vor spektakulärer Bergkulisse.
links oben Mit so einem Frühstück könnte jeder Morgen beginnen …
Mitte Eine Wanderung durch einen orange leuchtenden Wald.
rechts unten Der Klemenšek-Bauernhof – ein Postkartenidyll!

Wachgekitzelt vom verführerischen Duft nach frisch gebrühtem Kaffee steige ich am Morgen die Stufen zur Gaststube hinunter. Als ich die Tür öffne, empfängt mich die wohlige Wärme des Feuers – und ein Tisch voller Essen. Warme, mit Puderzucker bestäubte Croissants, selbst gemachte Marmelade, Spiegeleier und eine Wurst- und Käseplatte sind nur einige der Leckereien, die mir aufgetischt werden. Dazu Kaffee und ein Kräutertee, dessen würziges Aroma Erinnerungen an blühende Almwiesen im Frühsommer hervorruft. »Selbst gepflückt und getrocknet«, erklärt mir die Hüttenwirtin stolz. Ich traue meinen Augen kaum.

Zufrieden schultere ich nach diesem Festmahl meinen Rucksack und streife über verschlungene Wege durch den schweigsamen Wald. Mein Ziel ist der Rinka-Wasserfall. Wie ein schmaler, 90 Meter langer Brautschleier ergießt er sich in die Tiefe. Das »Eagles Nest« daneben macht seinem Namen alle Ehre und lädt zu einer Kaffeepause mit Aussicht ein. Doch mich zieht es weiter. Mit seiner traditionellen Bauweise und dem schindelgedeckten Dach verströmt der Klemenšek-Bauernhof den nostalgischen Charme vergangener Tage und ist – durch seine Lage bedingt – einer der am meisten fotografierten Orte Sloweniens. An diesem sonnigen Herbsttag habe ich die Aussicht aber ganz für mich allein. Auf einer Bank sitzend genieße ich das Kitzeln der Sonnenstrahlen auf meiner Nasenspitze, bewundere das Spiel der Wolken und denke: Hach, Slowenien, du hast mich verzaubert! ◄◄

links und Mitte An jeder Ecke leuchten farbige Herbstakzente auf.
rechts Wer würde nicht gern diese Treppe besteigen?

3 × GENIESSEN, WANDERN & STAUNEN

GENIESSEN: Mein Essenstipp für Slowenien: <u>Štruklji</u>, gekochte oder gebackene Studelteigrollen mit herzhafter oder süßer Füllung. Als Festtagsgericht im 16. Jahrhundert erfunden, wurden die Rollen Anfang des 20. Jahrhunderts zum beliebten Alltagsgericht und sind seither aus der slowenischen Küche nicht mehr wegzudenken. Besonders empfehlenswert sind die mit Quark gefüllten Štruklji.

WANDERN UND IN DIE FERNE BLICKEN: Die allerschönste Aussicht über Bled und Umgebung hat man eindeutig vom <u>Ojstrica- und Osojnica-Gipfel</u>. Die Wanderung beginnt in der Nähe des Campingplatzes Zaka; gutes Schuhwerk ist für den recht steinigen Aufstieg eine Voraussetzung. Die Anstrengungen des Aufstiegs werden durch die unglaubliche Aussicht mehr als wettgemacht.

STAUNEN UND SCHLEMMEN: Der <u>Klemenšek-Bauernhof</u>, eines der Postkartenmotive Sloweniens, ist entweder über eine Wanderung oder mit dem Auto von der Logarska dolina aus zu erreichen. Am Wochenende ist er bewirtschaftet. Einen idyllischeren Ort für eine Einkehr gibt es wohl nicht! In der Umgebung finden sich eine Vielzahl spannender Wanderwege.

Wald, soweit das Auge reicht.

Grüner Karst – Slowenien

WO SICH
Bär & Luchs
GUTE NACHT SAGEN

➽ Der slowenische Karst gehört zu den ziemlich entlegenen Land-
strichen des an landschaftlichen Schönheiten begünstigten Landes
am Südrand der Alpen. Ich verliebte mich in die raue Landschaft
erst, nachdem ich den Juliern mit ihrer smaragdfarbenen Soča, dem
lieblichen Logar-Tal und der Weinstadt Jeruzalem mehrere Besuche
abgestattet hatte. Man muss sich diese Region aus Fels und Wald
»erarbeiten«, um all ihre Eigenheiten genießen zu können.

Von Michael Lechner

Mit behäbigen Schritten

bewegt sich eine dunkle Silhouette den karstigen und nahezu undurchdringlichen Bergwald hinauf. Was zuerst eine vage Ahnung meiner Wahrnehmung war, entpuppt sich langsam als ausgewachsenes Prachtexemplar eines europäischen Braunbären.

Diese Begegnung fand nicht etwa in den finnischen Taigawäldern an der russischen Grenze statt, wo Braunbären inmitten von Wäldern, Mooren und Seen beobachtet und fotografiert werden können, sondern 50 Kilometer südlich der slowenischen Metropole Ljubljana – im sogenannten Grünen Karst. Gegenüber dem weiter westlich gelegenen, eigentlichen Karst ist er mit einer kompletten Humusschicht bedeckt und reich an Pflanzen und Tieren. Eingebettet zwischen Ilirska Bistrica im Westen, dem Grenzfluss Kolpa im Süden und der mittelalterlichen Weinstadt Novo Mesto im Osten liegen mehrere, von Nord nach Süd verlaufende Bergkämme und Täler. Wald, soweit das Auge reicht, einfach nur Wald. Im bewaldeten Slowenien – etwa 55 Prozent seiner Fläche sind Wälder – nimmt der Grüne Karst eine Sonderstellung ein. Denn in seinen urwaldähnlichen Gebieten leben zwischen 400 und 500 europäische Braunbären. Die höchste Dichte dieser Art in ganz Europa! Mit etwas mehr Glück kann man auch Wölfe, Luchse und Dachse beobachten.

Seit 20 Jahren reise ich nun schon nach Slowenien, um zu wandern, die Berge zu erklimmen oder die kulturellen Schätze dieses völlig zu Unrecht weithin unbekannten Landes kennenzulernen. Ich erinnere mich noch sehr genau an meinen ersten Besuch. Während anderswo in den Alpen bereits zu Pfingsten ein reges Treiben herrscht, fiel mir in den Julischen Alpen vor allem eines auf: absolute Ruhe! Bei den Routen zum Krn-See oberhalb des Lepena-Tals oder zur Pogacnikov-Hütte hoch über dem Trenta-Tal begeisterte mich vor allem der Weg durch die Bergmischwälder mit ihren intensiven Grüntönen, ihrer Kühle und den zufälligen Begegnungen mit ihren Bewohnern – Gams, Kreuzotter und Feuersalamander. Besonders fasziniert haben mich nicht so sehr die Ausblicke von den Gipfeln als vielmehr die Zadnjica-Zuflüsse inmitten des Waldes, der zu dieser Jahreszeit einem Mosaik aus grünen Moosen, Baumstämmen und wildem, unkontrolliertem Wasser gleicht. Ich fühlte mich in dieser grünen Oase an Tolkiens Auenland erinnert.

In den Julischen Alpen fiel mir vor allem eines auf: absolute Ruhe!

Ich fühlte mich an Tolkiens Auenland erinnert.

Im Herbst des gleichen Jahres verschlug es mich in den Süden. Mein erster Stopp galt dem Cerkniško-See, dem größten periodischen Karstsee der Erde. Ich hatte Glück, denn zwischen Ende Oktober und dem Frühjahr besteht seine Fläche meist aus Gras, Erde und Karstdolinen. Das erste Mal in die Urwaldgebiete gelangte ich in der Gegend um die Stadt Kočevje. Ursprünglich hieß sie Gottschee und wurde vornehmlich von deutschsprachigen Siedlern bewohnt. Im angrenzenden Kočevski Rog, einem dicht bewaldeten Bergzug, unternahm ich meine erste ausgedehnte Waldwanderung in die slowenischen Mittelgebirge. Blauäugig, ganz ohne Karte und Kompass, lief ich los.

Ein großer Fehler angesichts der Ausmaße, der Dichte des Waldes und fehlender Markierungen. Eher zufällig stieß ich auf eine Ansammlung von alten Gebäuden und Hütten, die sich als Lager von Titos Partisanenarmee entpuppten. Eine geeignetere Zuflucht für die Befreiungsarmee während des Zweiten Weltkriegs kann man sich kaum vorstellen. Gerade noch vor Einbruch der Dunkelheit und mit großer Mühe erreichte ich mein Auto.

Seit Jahren strebt Slowenien einen zweiten Nationalpark an. Neben dem alpinen Juwel Triglav-Nationalpark würde ein Waldnationalpark sicher gut zu dem Land zwischen Alpen und Adria passen! ◀◀

links Wie eine Farbpalette wirkt der herbstliche Bergwald im Logar-Tal in den Steiner-Alpen, das zu den schönsten naturbelassenen Tälern in den Ostalpen gehört.
Mitte Lichtdurchflutet und golden glänzt der Birken- und Buchenmischwald an den Hängen der Soča südlich des Vršič-Passes.
unten Mit aller Wucht drängt die Idrijca der mächtigen Soča entgegen. Besonders beeindruckend sind die Wildflüsse im Spätwinter und Frühjahr.

BESONDERE ERLEBNISSE UND GAUMENFREUDEN IM »GRÜNEN KARST«

3 × UNVERGLEICHLICH

AUF BÄRENJAGD MIT DER KAMERA:

Nahe dem selbst für slowenische Verhältnisse abgelegenen Markovec inmitten des »grünen Karstes« hat Miha Mlakar mehrere Beobachtungshütten im dichten Misch- und Bergwald eingerichtet. Mit etwas Glück bekommt man europäische Braunbären vor die Linse und mit noch mehr Glück Wölfe oder Luchse. Während im Frühjahr eher Jungbären zu beobachten sind, lassen sich im Herbst auch männliche »Prachtexemplare« und Mütter mit Jungen blicken!

HÖHLENEXKURSION PER BOOT:

Krizna Jama ist eine der schönsten Wasserhöhlen der Welt. Von April bis September lässt sich die unterirdische Welt des Karstes von einem Schlauchboot aus erleben. Wer sich mehr Zeit nimmt, der kann auf einer vierstündigen Exkursion den gesamten Wasserteil der Höhle erkunden. Das Wasser fließt hier über zahlreiche Barrieren von einem zum nächsten See. Alle möglichen Formen von Sinter- und Tropfsteinen scheinen förmlich aus dem Wasser herauszuwachsen.

EINKEHR IN URIGE BUSCHEN-SCHÄNKEN:

Meist wird zu selbst gemachten Wurstspezialitäten wie dem luftgetrocknetem Pršut, herrlichem Bergkäse und frisch gebackenem Brot Wein gereicht, vor allen der rote, erdige Teran und sein weißer »Bruder«, der Vitovska. Welche der zahlreichen »Osmizze« gerade geöffnet hat, erkennt man schon von Weitem an den bunten Holzzeigern mit ihren angehängten Efeu- und Lorbeerbuschen. Zur K.u.k.-Zeit war den Winzern der Ausschank nur acht Tage lang erlaubt.

SPRECHSTUNDE, Doktor *WALD*

Von Marion Hahnfeldt

Einatmen, ausatmen, dem Rauschen der Blätter zuhören.

Kopfschmerzen? Bluthochdruck? Kurzatmigkeit? Wer in Japan zum Arzt geht, dem wird in solchen Momenten Shinrin Yoku empfohlen. Was man dann anschließend erlebt, sind Menschen, die im Wald zu Salzsäulen erstarren. Mit geschlossenen Augen stehen sie zwischen den Bäumen, sie atmen ein, sie atmen aus, sie hören das Rauschen der Blätter, sie fühlen den Boden unter ihren Füßen. Und geht alles gut, kehren sie geheilt in ihre alte Welt zurück.

Shinrin Yoku ist die Lehre von der positiven Kraft des Waldes, inzwischen ist daraus eine weltumspannende Bewegung geworden. In Deutschland fand sich dafür der Begriff »Waldbaden«, in den USA nennt man es »Forest Therapy« oder »Forest Bathing«, am Ende aber geht es immer um dasselbe: die Natur bewusst und mit allen Sinnen erleben, den Wald und seine Umgebung in sich aufnehmen.

Die positiven Effekte gelten von vielen Studien als belegt. Der Aufenthalt in der Natur helfe bei Problemen mit den Atemwegen, der Haut, bei Burnout oder bei Schlaflosigkeit, heißt es, und so setzt sich auch an

der Münchener Ludwig-Maximilians-Universität mittlerweile eine Arbeitsgruppe mit dem Thema Waldtherapie auseinander. Auf Usedom wurde gerade Europas erster Heilwald eröffnet, ein 50 Hektar großes Gebiet im Ostseebad Heringsdorf. Handys sind verboten, auf bestimmten Wegen kann die Motorik trainiert werden, es gibt einen Sensorikpfad, einen Kletterparcours, Balancierbretter, Hüpfstrecken.

Einen Schritt weiter geht Annette Bernjus aus Südhessen. Sie nennt sich selbst Entspannungspädagogin und bietet Waldbadekurse am Aletschgletscher in der Schweiz an. Wer möchte, kann bei ihr auch eine Ausbildung zum Waldbaden-Kursleiter machen. Es gehe um das Eintauchen in die Atmosphäre des Waldes, »ein Bad zu nehmen in der guten Luft zwischen den Bäumen«.

Der Wald als Doktor – neu ist das Thema nicht – und während Waldbaden in Deutschland aktuell erst richtig in Fahrt kommt, hat es in Japan eine lange Tradition. Die wissenschaftliche Auseinandersetzung begann vor 40 Jahren quasi als Gegenpol zum Leben in den modernen Städten. Anfang der 1980er-Jahre

wurde dann der Begriff »Shinrin Yoku« geprägt. Ein Spaziergang durch den Wald, so die Überzeugung, mobilisiere die Kräfte des Menschen und stärke das Immunsystem. Shinrin Yoku ist inzwischen zum festen Bestandteil der Gesundheitsvorsorge geworden. Experte auf dem Gebiet ist Qing Li, er hat das Buch »Forest Medicine« geschrieben und veröffentlicht Artikel im angesehenen »American Scientist«. Li ist nur einer von vielen. Er ist überzeugt, dass die Bewegung in der Natur auch im Kampf gegen den Krebs helfen kann.

Fragt man Daniela Haluza von der Medizinischen Universität in Wien, was sie von all dem Baden im Wald hält, erklärt sie: »Als Naturwissenschaftlerin und Akademikerin glaube ich nur, was die Zahlen in Studien wiedergeben, und die bestätigen, dass der Körper selbst von einem kurzen mehrtägigen Aufenthalt im Wald profitiert.« Eine Stressreduktion sei nachweisbar, das Herz-Kreislaufsystem werde gestärkt, der Wald mobilisiere tatsächlich die Kräfte des Menschen. Und wie ihre Kollegen in Japan empfiehlt sie: »Gehen Sie zum Reden eine Runde durch den Wald, statt sich ins Kaffeehaus zu setzen.«

{ SPRUDELND bahnt sich
der *Fluss* seinen Weg ins Tal –
von **Bäumen** umsäumt }

Der Fluss Idrijca. Slowenien

Val Grande – Italien

DIE RÜCKKEHR DER
STILLE

➡ Seit die Täler des Val Grande zwischen Lago Maggiore und Domodossola von den letzten Bewohnern verlassen wurden, erobert die Natur ihr Reich zurück. Doch Wildnis heißt dort nicht nur, die Landschaft sich selbst zu überlassen. Der Wald empfängt alle mit offenen Armen, die die Stille suchen.

Der Wald empfängt alle mit offenen Armen.

Von Stefanie Claus

Einige Wol-
ken umarmen die Gipfel über dem
Ossolatal an diesem sonnigen Augustmor-
gen. Hier in Rufweite des viel besuchten
Lago Maggiore liegt Italiens größtes Wild-
nisgebiet: der Nationalpark Val Grande.
Die Motorengeräusche von der Passstraße
zum Simplon werden leiser, während der
steile Anstieg meinen Puls lauthals protes-
tieren lässt. Mit gleichmäßigen Schritten
versuche ich meinen Rhythmus zu finden.
Mir selbst zuzuhören wird plötzlich leicht.
Sobald der Puls ruhiger geht, die Knie
warm sind und sich geschäftige Wärme im
ganzen Körper ausbreitet, meine ich, über
den Pfad zu schweben.

Einst waren die Täler des Val Grande
besiedelt und bewirtschaftet. *Civiltà della
fatica* (Kultur der Mühsal) hieß das Leben
hier. Die Älper absolvierten die An- und
Abstiege mit Lasten auf dem Rücken.
Neben Alpwirtschaft und bescheidenem

vorige Seite Die grauen Steinhäuser der Alpe Quagiui präsentieren sich vor dem Talgrund wie auf einer Bühne.
links Zwei Buchen umarmen sich.
Mitte Links entlang, bitte: Da wartet ein Pass mit Gämsen.
oben Nichts für Warmduscher: spätsommerliches Badevergnügen im Rio Val Gabbio

Ackerbau auf terrassierten Hängen spielte die Holzwirtschaft eine große Rolle. Millionen Bäume wurden vom 14. bis ins 20. Jahrhundert gefällt und auf dem Wasserweg oder per Seilbahn ins Tal transportiert.

Auf der Bocchetta dell'usciolo auf 1880 Meter halte ich inne. Mein *Panino* habe ich mir verdient. Jeglicher Anflug von Erschöpfung verfliegt schnell, als ich die grauen Steinhäuschen der Alpe Quagiui erblicke, die sich wie auf einer Bühne vor dem Talgrund präsentieren. Beim Abstieg zur Alpe keine Menschenseele. Sechs Augenpaare mustern mich aus sicherer Entfernung. Ich bin umzingelt von Gämsen. An die Tausend von ihnen leben im Val Grande. Dazu Füchse, Feldhasen, Wiesel, Steinadler, die omnipräsenten Wildschweine und putzige Siebenschläfer. In den Flüssen tummeln sich Forellen.

Mit dem Wirtschaftsaufschwung in Italien und der Aufgabe der Holzwirtschaft in den 1950er-Jahren blieb das Val Grande sich selbst überlassen. Auf die Bergweiden rückten Büsche und Bäume vor. Die ehemaligen Alpweiden sind großflächig von Heidelbeersträuchern bewachsen. Die Wälder erholten sich vom Holzeinschlag. Rasch wuchs der Wald aus Traubeneichen, Rotbuchen, Weißtannen, Fichten und Lärchen auf das Doppelte an.

5 × Draußen sein

WANDERN IM VAL GRANDE: <u>Ausgerüstet</u> mit guten, am besten hohen Schuhen mit griffiger Sohle sowie Karte, Routenbeschreibung, Regenschutz, Wasserflasche, Proviant. Schlafsack und Isomatte für das Übernachten im Biwak nicht vergessen.

MOUNTAINBIKEN AUF DER LINEA CADORNA: Keine Lust auf Wanderstiefel? Die alte Militärstraße, die auf den Hausberg des Alto Verbano Monte Zeda führt, ist für das <u>Mountainbiking</u> geeignet. Bei klarer Sicht hat man hier einen gigantischen Ausblick auf die umliegenden Seen.

UNESCO-WELTKULTURERBE DER SACRI MONTI: Die idyllischen Bastionen der Gegenreformation machten <u>Pilgerreisen</u> zum Wochenendausflug. Zwei der herrlich gelegenen Kapellenanlagen aus dem 16. Jahrhundert sind der Sacro Monte di Varallo und der Sacro Monte di Orta.

DER ENTSTEHUNG DER ALPEN AUF DER SPUR: Erdgeschichte zum Anfassen – der <u>geologische Pfad</u> zwischen Vogogna und Premosello Chiovenda zeigt, wo die europäische und afrikanische Kontinentalplatte zusammentrafen. Er ist Teil des Geoparks Sesia Val Grande.

WIE EIN FALKE AUF DER JAGD: Garantiert wanderstiefelfreien Ausblick auf den Lago Maggiore haben Adrenalinfans mit der <u>Lago Maggiore Zipline</u>. Zwei Kilometer Flugvergnügen gut gesichert an einem Drahtseil: So geht Fliegen ohne Vorbereitung oder Ausrüstung, aber mit Nervenkitzel.

links So mancher Heidelbeerstrauch trägt schon rote Herbsttracht.
unten Naturbelassen und wild: Es hat etwas von Urwald.
rechts Blick auf den Lago Maggiore, dessen Ufer das Städtchen Verbania säumt.

Unter 1000 Höhenmetern dominiert die Edelkastanie. Während in weiten Teilen des Val Grande Schutzhütten und ein Wegenetz ausgebaut wurden, bleiben einige Seitentäler bewusst sich selbst überlassen. Lediglich einige Almen werden instand gesetzt und wieder beweidet.

Meine Route entlang des Val Gabbio ist wenig begangen, niemand wird mein nudistisches Badevergnügen stören. Zentimeter um Zentimeter tauche ich ins eiskalte Wasser. Während der Körper noch mit dem Temperaturschock ringt, fordert das Gehirn bereits Schwimmzüge an, die wie in Zeitlupe ablaufen. Danach Lufttrocknen in der wohlig warmen Nachmittagssonne – ein unbeschreiblicher Moment.

Bereits am zweiten Tag sind meine Beine in Wanderbeine verwandelt, ersehnen den Schrittrhythmus. Freuen sich auf den zwischen gedrängten Gedanken entstehenden Raum, in dem sich Achtsamkeit wie von selbst ausbreitet. Reich beladene Himbeerbüsche am Wegesrand. Die Beeren enthalten die ganze Süße des Sommers. Zusammen mit den wilden Walderdbeeren bietet mir Val Grande ein minimalistisches Menü der Extraklasse. Dankbar nehme ich das Tal als meinen Zen-Meister an.

Es verwundert nicht, dass das aus den USA stammende Naturschutzkonzept der Wilderness bei den Promotern des Nationalparks auf Sympathie traf. Statt um unberührte Natur allein geht es bei dieser Idee um die Interaktion der von Technologie gesättigten Menschen mit der ursprünglichen Natur. In den Wäldern und Tälern des Val Grande wird die Wildnis unser Spielplatz. Junger Wald. Gesunder Puls. Himbeeren satt. Umzingeltsein von Gämsen. Was wäre dabei, nach dieser Kur süchtig zu werden? ◀

{ Jedem Ausblick }

WOHNT EIN AUFSTIEG INNE.

Sila-Nationalpark – Italien

DIE RIESEN VON
SILA

➼ Mit ihren sanften Hügeln, den lebhaften Flüssen und dem Wechselspiel aus Wiesen und Wäldern glaubt man sich in Skandinavien und ist doch im Herzen Kalabriens. Die immensen Balken für die Restaurierung des Petersdoms kamen aus dem Wald auf der Sila-Hochebene.

Von Stefanie Claus

Tief atme ich den Duft des **Waldes ein,** die Luft ist erfüllt vom harzigen Geruch der Schwarzkiefern. Giganti della Sila – mehr als 50 dieser Riesen thronen vor mir im streng geschützten Naturwaldreservat. Ebenmäßig und gerade ragen ihre mächtigen Stämme bis zu 40 Meter in den Himmel. Sie sind alle über 350 Jahre alt, einige haben sogar schon 500 Jahre auf dem Buckel. Ihre schweren Äste breiten sich hängend oft nur nach einer Seite aus, Flechten dirigieren ihr Wachstum, indem sie sich an die schattig-feuchte Seite des Stamms klammern. Im Unterholz raschelt es. Ein schwarzes Eichhörnchen huscht über den Waldboden. In diesem Natur-Spa schrumpfe ich zu Stecknadelgröße zusammen.

Es ist unmöglich, sich am Formenreichtum der Riesenkiefern sattzusehen. Manche wurden – vielleicht während die Türken Wien belagerten – von

vorige Seite Die Schwarzkiefern ragen bis zu 40 Meter hoch in den Himmel.
links Mit ein wenig Nebel wird aus dem Wald ruck, zuck ein magischer Ort.
Mitte Im Schutzreservat Riserva Golia Corvo haben Hirsche alle Freiheiten und Menschen keinen Zutritt.
oben Ganz nah an die Wasserfälle bei Buturo – wie der Cascata del lupo (Wolfsfall) – führen bequeme Holzstege.
rechts Die Neugier scheint gegenseitig zu sein.

Blitzen gespalten und sind als Zwillinge oder Drillinge weitergewachsen. Einige so eng beieinander, dass sich ihre Äste umarmen. Die liegenden Stämme mit ihren ausladenden Extremitäten erinnern an die Dinosaurier, die einst hier umherzogen. Sie stecken voller Leben – als Vorratskammern und Behausungen für Spechte und Eichhörnchen.

In der Mitte Kalabriens und auf einer Fläche von mehr als 2000 Quadratkilometern erhebt sich die Sila-Hochebene zwischen der Piana di Sibari und dem Isthmus von Catanzaro. Weil Wiesen und Wälder sich abwechseln, dominiert Grün die Landschaft. Mächtige Gneis- und Granitblöcke sorgen dafür, dass das Wasser der sprudelnden Flüsse nicht im Boden versickert.

Der Name Sila (von lateinisch silva/Wald) verrät, dass die Hochebene einst vollständig von Wald bedeckt war. Wald, das bedeutete Baustoff für die großen Reiche. Holz für die griechischen Triremen und römischen Galeeren der Entscheidungsschlachten um die Vorherrschaft im Mittelmeer. Das besonders zähe und dicke Harz der Schwarzkiefern war ideal zum Abdichten der Schiffsplanken. Später kamen die Balken für die schönsten mittelalterlichen Basiliken Roms aus der Sila. Gran bosco d'Italia! Auch das junge, frisch geeinte Königreich Italien bediente sich großzügig, um seine neuen Prachtresidenzen zu errichten. Mit der Industrialisierung im 19. Jahrhundert erreichte die Abholzung ihren Höhepunkt. Man kann von Glück sagen, dass noch immer Schwarzkiefernwälder die Hälfte des 2002 gegründeten Parco Nazionale della Sila einnehmen. Wissenschaftler der Universität Cosenza haben die endemische Unterart *Pinus laricio subsp. calabrica* ausgemacht, die fast ausschließlich in dieser Region wächst.

rechts Naturreservat Giganti della Sila – die Buchen tragen Gelb, die Kiefern ihren flechtenüberzogenen Ganzjahreslook.
unten Ein Bläuling wartet auf die ersten Sonnenstrahlen des Tages, die ihn wärmen und vom Tau trocknen.
ganz rechts Herbstliches Farbspiel mit Buchen, Pappeln, Kiefern und Tannen.

Wenn sie die UNESCO überzeugen, könnte sich Sila einen der raren Plätze auf der Liste des Weltnaturerbes sichern.

Nach meiner Waldwanderung kehre ich mittags im Ferienort Camigliatello Silano ein, wo sich im Winter die Skipisten beleben und im Sommer Hitzegeplagte absteigen. Ich probiere neben köstlichen Kartoffelrösti den lokalen Käse Caciocavallo Silano, der am liebsten gegrillt serviert wird. Die Silaner Kartoffeln tragen die geschützte Ursprungsbezeichnung DOP. Zwischen ionischem und tyrrhenischem Meer ließen einst die Latifundienbesitzer ihre Schafherden in den Wäldern und auf den Wiesen weiden.

Die Sonne blinzelt durch die Äste der schlanken Kiefernstämme, ich muss noch einmal an mein Erlebnis mit den Giganti della Sila denken. Gab ein angeregtes Gespräch zwischen Baron Vincenzo Mollo und seinem Gast, dem königlichen Botaniker Michele Tenore, vor gut 200 Jahren den Ausschlag, sie doch nicht zu fällen? Was die Schwarzkiefern nicht alles erlebt haben, sie sind uralte Zeugen der italienischen Geschichte. Heute ruft ihre Größe und Widerstandsfähigkeit unsere Bewunderung hervor. Sie lässt uns wieder zu Kindern in einem Märchenwald werden. Und verwandelt uns dann hoffentlich in ihre Beschützer, während im Wald die Natur kunstvoll selbst Regie übernimmt. ◀

Dieser Märchenwald kann uns für einen Moment wieder in Kinder verwandeln.

4 × SPUREN SAMMELN

WANDERN IN DEN WÄLDERN DER FOSSIATA: Waldduft satt gibt's beim Wandern auf markierten Wegen und Lehrpfaden im Fossiata-Wald. Dann ins Besucherzentrum Cupone des Nationalparks Sila, um die Symbiose zwischen Kiefern und Flechten zu verstehen und die Pflegetiere im Wildgehege zu besuchen.

SILA AUF DEM FAHRRAD: Auf den wenig befahrenen Landstraßen lässt sich beim Radeln ein Überblick über die abwechslungsreiche Landschaft gewinnen. Für die Forststraßen empfiehlt sich eher ein Mountainbike. Leihräder gibt es in Camigliatello bei Altipiani (Via Roma 101) und Pro Loco (Via Roma 15).

AUF DEN SPUREN EINES MYSTIKERS: Das Städtchen San Giovanni in Fiore entstand um das von Joachim von Fiore gegründete Kloster herum. Der Geistliche beriet im Mittelalter Könige und Päpste. Die Mitglieder der Associazione Fiorensia führen in das Denken des Mystikers ein und zeigen die ehemalige Abtei.

MIT DER DAMPFLOK DURCH SILA: Die Schmalspurbahn (mit 1400 Metern die höchstgelegene Europas) verkehrt auf der Strecke Moccone – Camilgiatello – San Nicola Silvana Mansio in den Sommermonaten zur Freude kleiner und großer Eisenbahnenthusiasten. Eine Zeitreise für Lokführer, Heizer und Passagiere!

zehn Fragen an ...

,, Riechen ist CHILLEN für die Seele

... die Duft-Designerin

HEIKE HEGMANN hat den Wald nach vielen Duftexperimenten in einem Flakon-Fläschchen eingefangen. Herausgekommen ist ihre Interpretation von einem Glücksgefühl zwischen den Bäumen.

1. Wie riecht der Wald?

Vielfältig und facettenreich, belebend frisch und gleichzeitig erdend warm.

2. Und wie riecht Grün?

Nach gerade geschnittenem Gras, jungem Blattgrün oder Tannengrün, nach Moosen, aber auch nach Kräutern und Gemüsen wie einer Gurke. Alles in allem: transparent, natürlich, jugendlich frisch.

3. Wie bekommt man den Wald in einen Flakon?

Zunächst haben wir alles gerochen, was in irgendeiner Art den Geruchseindruck von Wald vermitteln konnte. Das waren sowohl grüne Noten, zum Beispiel das erwähnte frisch geschnittene Gras, darunter waren aber auch moosig-erdige Duftfacetten, warme Noten, etwa das Harz aus den Blättern der Zistrose und verschiedene Düfte von Hölzern und Nadelbäumen. Daraus haben wir dann kleine Akkorde komponiert und diese über einen längeren Zeitraum weiterentwickelt. Wie in der Kunst ist die Parfümkreation ein sehr persönlicher, spannungsgeladener Schaffensprozess.

4. Wie schafft man es, den richtigen Duft einzufangen?

Es gibt kein Richtig oder Falsch. Es ging uns nicht darum, den Wald naturgetreu abzubilden. Vielmehr wollte ich eine charaktervolle, abstrakte Duftkreation schaffen, die von der Natur des Waldes inspiriert ist. So, wie ein Gemälde aus verschiedenen Farben oder eine Sinfonie aus unterschiedlichen Tönen besteht, setzt sich ein Parfüm aus fein aufeinander abgestimmten Duftaromen zusammen. »In the Woods« ist meine Interpretation von Wald.

5. Was war das Schwierigste bei dem Entwurf?

Die größte Herausforderung war, ein Parfüm zu kreieren, das mit Waldnoten spielt, dabei aber nicht an Fichtennadelbäder oder Sauna erinnert. Es durfte auch nicht zu harzig, zu pilzig oder zu feucht riechen. Außerdem war es schwierig zu entscheiden, wann das Parfüm wirklich fertig ist.

6. Was ist so falsch an Fichtennadelbad und Saunaaufguss?

Duftvorlieben werden vornehmlich durch Erinnerungen geprägt, und Fichtennadel- und Kiefernnadelöl werden bei den meisten Menschen nun mal mit der funktionalen Parfümerie assoziiert. Bei meinem Parfüm ging es aber darum, ein hochwertiges Duftelixier zu komponieren, das man gern auf der Haut trägt und das alle positiven Erinnerungen an den Wald nach oben holt – vielleicht auch die, die tief in unseren Genen verwurzelt sind. Denn unsere Vorfahren haben ja im Wald gelebt.

7. Gab es so etwas wie Vorbilder?

Ausgangspunkt war der Duft aus den Nadeln der kanadischen Hemlocktanne. Sie duftet so umwerfend nach Wald, so unvergleichlich wohltuend und ursprünglich … Als ich sie das erste Mal roch, wusste ich, dass ich damit ein Waldparfüm entwickeln muss, ohne je zuvor darüber nachgedacht zu haben.

8. Was bedeutet Ihnen der Wald?

Ich lebe in der Metropole Hamburg, verbringe jedoch viel Zeit in den Wäldern des Herzogtums Lauenburg. Hier schalte ich mein Handy ab und lasse mich auf die Wunder der Natur ein. Ich genieße die Freiheit und die Zeit des Augenblicks, hier schöpfe ich Kraft.

9. Woran denken Sie beim Wort Wald?

An riesige silbergrüne Kiefern und Tannen, an moosbedeckten Boden, an sonnendurchflutete Lichtungen mit vom Wind bewegten Gräsern, an verschlungene, von Farn gesäumte Wege und vor allem: an Stille.

10. Was empfehlen Sie Menschen, die nicht so duftgeschult sind wie Sie?

Gehen Sie raus in die Natur. Stecken Sie Ihre Nase in Blumen, reiben Sie die Blätter, riechen Sie am Holz und den Nadeln der Kiefern. Lassen Sie Ihre Sinne bezaubern von den Düften der Natur, sie ist ein virtuoser Parfümeur. Und es gibt noch einen angenehmen Nebeneffekt: Wer sich auf das Riechen einlässt, blendet automatisch alle anderen Sinneswahrnehmungen aus und kommt innerlich zur Ruhe. Riechen ist wie Chillen für die Seele.

Zagoria – Griechenland

VON ESSBAREN
WÄLDERN

➥ Zagoria, eine touristisch kaum erschlossene nordwestgriechische Bergregion im Dreieck zwischen Ioannina, Metsovo und Konitsa. Gewaltige Höhenunterschiede und ein Netz tosender Flüsse schaffen die Lebensgrundlage für unterschiedlichste Waldregionen, von tief in Fels gefressenen Flussufern bis zur windumtosten Baumgrenze. Wir folgen dem Fluss Aoos von seiner Quelle bis zur albanischen Grenze.

Von Jana und Jens Steingässer

Ein türkisfarbenes Juwel in **moosgrüner Landschaft,** seine Uferzone gesäumt von Pinien, die sich in den betörend blauen Himmel recken. Obwohl künstlich angelegt, verzaubert mich der Aoos-Stausee. Kalt und erfrischend sein Wasser – eine herrliche Abwechslung in der Hitze des nordgriechischen Sommers.

Zu Fuß machen wir uns entlang des Flusses Aoos auf. Geboren am Berg Mavrovouni im Tymfi-Massiv Nordgriechenlands schlängelt er sich zunächst als zaghaftes Rinnsal durch die dicht bewaldete Gebirgslandschaft. Welch langen Weg er noch vor sich hat bis zu seiner Mündung in die albanische Adria! Vorbei an den der Kälte trotzenden Schlangenhautkiefern, dichten Buchen- und Tannenwäldern, durch tiefe Schluchten, gesäumt

über Stock und über Stein.

vorige Seite Paddeln auf dem Fluss
Aoos bei Konitsa: eine ganz andere
Perspektive auf die Wälder Nordgriechenlands.
links und Mitte Am Ufer des Aoos,
unter Schatten spendenden Bäumen,
lässt sich griechische Sommerhitze
vergessen.
rechts oben Gedenk- und Erinnerungs-
stätten entlang der kurvigen Berg-
pässe.
rechts unten Weitsicht bis Albanien,
über die bewaldeten Berge Zagorias
hinweg.

von majestätischen Laubbäumen. Sein Wasser tränkt jahrhundertealte Schwarzkiefern, Eichen und Rotbuchen, unter deren schüt-
zendem Dach Wölfe, Wildkatzen und Braunbären ein Zuhause
finden. Von Stein zu Stein hüpfen unsere Kinder durch den frisch
geborenen Fluss, halten an Tümpeln inne, deren Oberfläche von
Wasserlilien bedeckt und von Libellen umschwirrt ist.

Wild ist die Landschaft, kraftvoll und auch ein bisschen
unnahbar: Gipfel, Schluchten, dunkle Wälder, reißende Flüsse
und die geheimnisvollen Bergseen von Smolikas und Tymfi, in
denen sich der Legende nach schlafende Drachen spiegeln. Selten
kommen hier Besucher vorbei. Wie lange vergessene Trutzbur-
gen liegen die Zagoria-Dörfer aus dem 14. Jahrhundert inmitten
des Grüns. Eselpfade schlängeln sich von Ortschaft zu Ortschaft,
alte Steinbrücken aus Kalksteinblöcken überspannen die rau-
schenden Fluten unter uns. Enge, gepflasterte Gassen führen
zum *Mesochori*, dem Dorfplatz, umgeben von Kirche, Schule und
Kafenion (Kaffeehaus). Im Schatten uralter Platanen sitzen Einheimische ohne erkennbare Eile. Zeit bekommt eine andere Dimen-

3 × GLÜCK SCHLEMMEN

AUF TRÜFFELJAGD: Katerina, Christos und ihre Trüffelhunde von Aromatroufas.gr nehmen Trüffeljäger mit in die Wälder und Berge Zagorias. Anschließend wird all das verspeist, was gerade nach Hause gebracht wurde.

IM BIENENHAUS: Aus dem Blütennektar der Waldbäume und Wildblüten entstehen im Beehouse.gr köstlicher Honig und Honigprodukte. Moses Sanozidis führt Arbeitsabläufe vor und öffnet die Türen zur faszinierend-köstlichen Welt der Bienen und ihres Waldes.

BEIM KÄSEMACHEN: Frische Milch von Ziegen und Schafen gibt es hier im Überfluss. Einheimische wissen, wie daraus köstlicher Joghurt und Käse hergestellt wird, und zeigen Gästen, wie es funktioniert.

sion neben Stilianos mit dem wettergegerbten Gesicht am Tisch der Taverne von Dilofo. Die Speisekarten in den Restaurants der Zagoria lesen sich wie eine Enzyklopädie nordwestgriechischer Natur: Käse und Joghurt aus Ziegen- und Schafsmilch, Honig aus den Bergen, Hase und Kaninchen, Fisch und Frosch aus den Seen und Flüssen oder frisch erlegtes Wildschwein. Mir läuft das Wasser im Mund zusammen bei dem Gedanken an die pflanzlichen Geschenke des Waldes, die je nach Jahreszeit auf den Tisch kommen: Pilze, wilder Spargel, Beeren, Marmeladen aus Kornelkirsche, Walderdbeere und Schlehdorn oder Salate aus Wildkräutern, verfeinert mit frisch gesammeltem wildem Knoblauch. Ganz klar: Ich muss wiederkommen und ihn essen, diesen Wald. Im Frühling, im Herbst und auch im Winter.

Der Aoos treibt weiter Richtung Westen und wir mit ihm. Immer mehr Kraft sammelt er auf seinem Weg nach Albanien, gräbt stoisch geheimnisvolle Tiefen in das Kalkgestein des Pindos-Gebirges. Gumpen mit glasklarem Wasser locken uns. Müde Wandererfüße lechzen nach einer Abkühlung. Gut, dass wir Boote dabeihaben, in denen wir uns hin und wieder von der Strömung treiben lassen. Dorthin, wo sich Wald und Fluss treffen und uns keine Menschenseele mehr begegnet. Da kann kein überfüllter Adriastrand mithalten. Auch nicht mit der märchenhaften Vikos-Schlucht bei Konitsa. Riesige Eichen säumen das Flussufer des Voidomatis, der an dieser Stelle in den Aoos mündet. Die Eichen sind so kräftig, dass ich mir bequem in ihren aufgeplatzten Stämmen ein Schläfchen gönnen kann. »Eile backt das Brot, aber sie backt es schlecht«, erklärt mir ein heimischer Angler. Recht hat er! Zieh du nur weiter, Fluss, wir folgen ganz in Ruhe dem Lockruf deiner bewaldeten, geheimnisvollen Ufer. ◂◂

Nationalpark Durmitor – Montenegro

WO DIE UHREN
langsam ticken

➡ Der Durmitor Montenegros ist ein gut 1800 Quadratkilometer umfassendes Gebiet, Heimat von vergleichsweise wenig Menschen und aufgrund geografischer Gegebenheiten Schauplatz gewaltiger, teils unberührter Natur. »Wild Beauty« in seiner Höchstform.

Von Michael André Ankermüller

Kačamak ist **eines meiner montenegrinischen** Lieblingsgerichte«, lässt mich Stevan wissen, »vor allem, wenn ich im Durmitor unterwegs bin. Die käsige Polenta ist die perfekte Grundlage für lange Wanderungen.«

Beim Wort Durmitor denken die meisten vermutlich an den Nationalpark Durmitor oder den Wintersportort Žabljak, die höchstgelegene Stadt Montenegros. Tatsächlich sind aber mit dem Durmitor der gesamte Nordwesten Montenegros und seine wilde Natur gemeint. Große, geheimnisvolle Waldgebiete, durchzogen von vier Flüssen und mit einem Höhenunterschied von über 2000 Metern zwischen dem höchsten Gipfel Botovo kuk und der Taraschlucht. Hinzu kommen zahlreiche grüne, blaue und schwarze Gletscherseen und Schmelzwasserteiche.

Der Kellner bringt mir eine kleine Portion *Kačamak* und eine große Keramiktasse, die bis oben hin mit Sauermilch gefüllt ist. Dazu serviert er gegartes Lammfleisch, luftgetrockneten Schicken *(njeguški pršut)* und Käse *(njeguški sir)*, der in seiner Konsistenz stark an Ricotta erinnert. Und zur Verdauung ein Gläschen *šljivovica* (Pflaumenschnaps). Wer nach Montenegro reist, sollte neben kultureller Neugier auch ausreichend Hunger mitbringen. Ich trinke einen großen Schluck Sauermilch und koste vom Lammfleisch. Unfassbar lecker, auch sehr fettig – und die ideale Stärkung für unseren Weg zum Schwarzen See.

Stevan, der in Montenegros Hauptstadt Podgorica arbeitet, liebt die Natur – die Wälder und Berge seines Landes. Er zeigt aus dem Fenster des Restaurants in Richtung Bergmassiv, das sich hinter einer dichten Nebeldecke versteckt hat. Immer wenn es möglich ist, steigt er ins Auto, um zum Durmitor zu fahren, zu fotografieren, zu wandern, zu zelten. Žabljak ist dafür der ideale Ausgangspunkt.

Stevan und ich brechen auf zum Crno Jezero, dem Schwarzen See. Nur 40 Spazierminuten von Žabljak entfernt liegt der Gletschersee mit seiner schwarzen, manchmal tiefblauen oder hellgrünen Oberfläche dem

höchsten Gipfel Montenegros zu Füßen. Der Weg führt durch einen dichten Wald. Dunkelgrüne Tannen, Kiefern und Fichten reihen sich aneinander. Es riecht nach Moos und nassem Holz, vereinzelt schimmern Sonnenstrahlen durch das Geäst. Es ist dieses Gefühl von Freiheit, das man plötzlich spürt, wenn man die frische Luft des Waldes einatmet. »Kiefern, Buchen, Birken und Wacholder wachsen hier in der tieferen Ebene des Durmitors«, sagt Stevan, der jeden Baum problemlos zuordnen kann.

Wir philosophieren über die Kraft des Waldes. Über seine Fähigkeit, beruhigend und gleichzeitig inspirierend zu wirken. Seine Ruhe, seine heilenden Kräfte, unseren unbewussten Austausch mit der Natur. Stevan lässt mich außerdem wissen, dass es in den Wäldern Montenegros immer noch wilde Braunbären, Wildschweine und Wölfe gibt. Eine kleine Eidechse huscht über den Weg, die ich beinahe aus Unachtsamkeit zertreten hätte. »Vor Schlangen und Skorpionen muss man sich hier unten aber nicht fürchten«, meint er. Ein Adler kreist langsam am Himmel.

Wir sind uns einig: Der Wald ist ein perfekter Ausgleich für die immer schneller werdenden Entwicklungen in unserer Gesellschaft, Stevan fügt noch hinzu: »In Montenegro ticken die Uhren sowieso langsamer als in Deutschland.« Er ist noch nie außerhalb seines Landes gereist, schließlich habe er hier alles, was er sich wünscht. Die Berge und Wälder im Norden und im Süden, die Strände von Budva. »In welchem Land sonst kann man am gleichen Tag Skifahren und später im Meer schwimmen?«, fragt er und grinst.

Wir sind mittlerweile am Ufer des Schwarzen Sees angekommen. Der Nebel hat sich etwas gelichtet und lässt die Spitze des Gipfels erahnen. Der Wald zieht einen dunkelgrünen Rahmen um den See. In diesem Moment verstehe ich besonders gut, wieso Stevan seine Heimat so liebt. ◀◀

vorige Seite Der beeindruckende Schwarze See im Norden Montenegros liegt auf einer Höhe von 1416 Metern, etwa drei Kilometer westlich des Bergdorfs Žabljak.
links Unterwegs auf einem Wanderweg Richtung Škrčka jezera im Durmitor-Nationalpark.
Mitte oben Diese kleinen Häuschen werden immer noch in den Sommermonaten bewohnt und sind auf der sogenannten Katun Road zu finden.
Mitte unten Es ist keine Seltenheit, dass man auf freilaufende Pferde in der Nähe kleiner Dörfer trifft.
oben Blühende Wildrose am Ufer des Schwarzen Sees.

MONTENEGRO – EIN LAND DER SUPERLATIVE

4 × LIEBLINGSORTE

DIE TARA: Die Tara ist der längste Fluss Montenegros und liegt in der tiefsten Schlucht Europas. Wer das Abenteuer sucht, kann sich bei einer geführten Tour mit dem Boot die Stromschnellen hinunterstürzen. Tiefer ist übrigens nur der Grand Canyon.

SKUTARISEE: Wer Lust hat, der Zivilisation für ein paar Stunden zu entfliehen, wird den Skutarisee genauso lieben wie ich. Der größte See auf dem Balkan mit seiner unberührten Natur ist die perfekte Projektionsfläche für ausufernde Tagträume.

BUCHT VON KOTOR: Der englische Dichter Lord Byron schrieb einst: »Als unser Planet entstand, muss sich die schönste Begegnung zwischen Meer und Land an der montenegrinischen Küste zugetragen haben.« Recht hatte er.

SVETI STEFAN: Wem nach der Wildnis im Durmitor der Sinn nach Meer steht und wer darüber hinaus einmal am gleichen Ort wie Sophia Loren, Claudia Schiffer oder Silvester Stallone übernachten möchte, sollte Sveti Stefan dick auf seiner Bucketlist markieren. Die Insel erlebt man am besten außerhalb der Hochsaison von Mai bis Mitte Juni.

BAUM*GOLD*

Von Marion Hahnfeldt

Harze sind nicht nur gute Rohstofflieferanten, sie sind regelrechte Alleskönner.

in den Kiefernwäldern der DDR gehörten sie zum gewohnten Bild: angeritzte Bäume, an denen sich kleine Gläser zum Harzsammeln befanden. Heute lässt man den Bäumen ihre wohlverdiente Ruhe, das Wissen um die Vorzüge des klebrigen Stoffes ist damit allerdings weitgehend verloren gegangen. Harze nämlich sind nicht nur gute Rohstofflieferanten, sie sind regelrechte Alleskönner – und dass sie gut riechen, wenn man sie erwärmt, ist nur einer von vielen Vorzügen.

Nun harzt der Baum nicht, um den Menschen eine Freude zu machen, er produziert das Harz quasi aus Notwehr, es tritt aus, wenn er angeritzt oder angeschlagen wird. Wer das alles noch genauer wissen will, fragt einen Baumprofi – und dort erfährt man dann: Das Harz wird von den Baumzellen hergestellt, der Stamm ist von unten nach oben mit Kanälen durchzogen. Die Kanäle speichern das Harz so lange, bis es vom Baum gebraucht wird. Jede Baumart lagert unterschiedliche Mengen Harz, das im Bedarfsfall Wunden in der Rinde verschließt. Gleichzeitig werden Käfer abgewehrt, die in der klebrigen und zähflüssigen Masse stecken bleiben und schließlich darin verenden.

Und während es für die Insekten zur Todesfalle wird, schützt das Harz den Baum vorm Austrocknen und wirkt desinfizierend.

Ein besonderes Harz ist Mastix von der Mastixpistazie, die auf der griechischen Insel Chios beheimatet ist. Es soll gegen Zahnbelag und bei der Mundhygiene helfen und dient deshalb auch zur Herstellung von Kaugummi und Mundwasser. Aber man muss nicht bis nach Griechenland reisen, um all die Vorzüge des Harzes zu genießen. Das erkannte auch die Bloggerin »Frau Birkenbaum«, die bei einem Spaziergang auf die Idee kam, das Harz von Kiefern zu sammeln. Sie machte daraus Öl und nutzte es als Grundlage für eine Creme. Begeistert schreibt sie: »Meine erste Erfahrung mit dem Einsatz von Harzen bei körperlichen Beschwerden hatte ich während meines Abiturs. Ich war total verspannt vom vielen Lernen, und dann kreuzte eine Weihrauch-Salbe meinen Weg und rettete meinen Rücken.«

Auch Pfadfinder verwenden Harz für ihre Zwecke, etwa um Lagerfeuer zu machen – oder Wasser zu erwärmen. Dazu legen sie einen Klumpen Harz in ein leeres, großes Schneckengehäuse und deponieren das Ganze zwischen drei Steinen. Darauf kommt ein nicht allzu großer Topf mit Wasser, unter dem das Harz angezündet wird.

Das Harz von Nadelbäumen heißt übrigens Terpentin, man gewinnt daraus Kolophonium. Beide Stoffe werden in der chemischen Industrie als Lösungsmittel oder Verdünner verwendet, wobei heute meist nur noch Terpentinersatz zum Einsatz kommt. Die Gewinnung von echtem Terpentinöl ist viel zu aufwendig und damit zu teuer – die Bäume danken es.

Wer selbst zum Harzspezialisten werden will: Getrocknetes Harz wird am besten mit einem Spachtel vorsichtig von der Baumrinde gebrochen, je älter es ist, desto weniger klebt es. Man kann das Harz dann entweder auf einem Stück Holzkohle verräuchern – oder man fertigt sich sein eigenes Harzöl an. Die Stückchen dazu in einen Topf mit Olivenöl geben und mindestens zwei Stunden köcheln lassen. Das Öl ist gute Grundlage für einen Balsam: 100 ml Harzöl, 10 g Bienenwachs und 10 g Sheabutter miteinander verkochen, abkühlen lassen – fertig.

Wald von Brocéliande – Frankreich

HIER IST

MAGIE

IM SPIEL

➨ Ein gleißender Schimmer zwischen den Bäumen weist dem Wanderer den Weg ins »Tal ohne Wiederkehr«. Wo einst die Fee Morgane untreue Männer ins Verderben lockte und der Magier Merlin der schönen Zauberin Viviane verfiel, erzählt heute der »Goldene Baum« eine bewegende Geschichte von Untergang und Auferstehung. Willkommen im Zauberwald von Brocéliande!

Von Silke Heller-Jung

E

inst bedeckte ein dichter Wald das gesamte Landesinnere der Bretagne, das darum auch den Namen Argoat, Land des Waldes, erhielt – im Gegensatz zur Armor, Land am Meer, genannten Küste. Weite Teile dieses Märchenwalds namens Brocéliande sind verschwunden, doch bei Paimpont hat ein großes Waldstück die Zeiten überdauert. Das grüngoldene Dämmerlicht zwischen den mächtigen Eichen, Buchen und Kastanien, die schimmernden Wasserflächen der im Wald verborgenen Seen und die bizarren Formen der Felsen und Steine regten zu allen Zeiten die Fantasie der Menschen an. Nirgendwo sonst soll die Grenze zwischen dem Reich der Feen und der Menschenwelt so durchlässig sein wie hier.

Die Grenze verschwimmt zwischen dem Reich der Feen und der Menschenwelt.

Mein Ausflug in den Feenwald nimmt unter dem prüfenden Blick eines französischen Dorfpfarrers seinen Anfang. Als Abbé Henri Gillard im Kriegswinter 1942 in den Weiler Tréhorenteuc am Rande des legendären Waldes von Brocéliande kam, fand er dort ein heruntergekommenes Kirchlein und eine vernachlässigte Gemeinde vor. Um dem Ort neues Leben einzuhauchen, griff der Geistliche auf die bekannte Legende vom Heiligen Gral zurück, nach dem die Ritter von König Artus' Tafelrunde Zeit ihres Lebens suchten. Lancelot, einer dieser edlen Ritter, soll nämlich ganz in der Nähe seine Kindheit verbracht haben. Zug um Zug verwandelte Abbé Gillard das schlichte Dorf-

kirchlein in eine farbenprächtige Gralskapelle. Zum Dank setzte man ihm davor ein Denkmal. Es zeigt den Gottesmann in seiner Soutane. Die von ihm erschaffene Kirche im Rücken, hält er den Blick unverwandt auf den Rand des geheimnisvollen Waldes gerichtet.

Ich folge seinem Blick und wandere an einem stillen Teich, dem »Feenspiegel«, vorbei, dem »Tal ohne Wiederkehr« entgegen. Eine betrogene Zauberin, die

vorige Seite Die Sonne taucht den Wald von Brocéliande in ein unwirkliches Licht.
ganz links Im Morgendunst wirkt der Wald besonders geheimnisvoll.
links Ob hier wohl Kobolde wohnen?
unten Hie und da hüllen Efeu und Moos die Bäume in ein grünes Gewand.

schöne Morgane, machte dieses Tal zum Werkzeug ihrer Rache: Männer, die ihrer Liebsten in Gedanken oder Taten untreu geworden waren, konnten es zwar betreten, fanden aber keinen Weg mehr hinaus – bis der untadelige Lancelot vorbeikam und die untreuen Galane erlöste. Im Jahr 1990 verwüstete ein verheerender Brand das Tal. Doch unzählige Helfer, die rund 500 000 neue Bäume pflanzten, sorgten dafür, dass dieser Teil von Brocéliande wie Phönix aus der Asche erstand. Ihnen zu Ehren funkelt seitdem der »Goldene Baum« inmitten des wiederaufgeforsteten Bereichs. Der Stumpf einer verbrannten Kastanie ist über und über mit Blattgold bedeckt.

Eine kurze Autofahrt bringt mich mitten hinein in die nächste Sage. An der Fontaine de Barenton, einer in Stein gefassten Quelle, traf die Liebe den mächtigen Zauberer Merlin wie ein Blitzschlag, als er dort die Fee Viviane erblickte. Er schenkte ihr sein Herz und sein Vertrauen. Das wurde ihm schließlich zum Verhängnis. Die listige Zauberin luchste dem verliebten Merlin nach und nach alle seine Tricks und Kniffe ab und wusste am Ende so viel, dass sie ihn in neun magische Kreise bannen konnte. Seitdem ruht er in ewigem Schlaf für immer an ihrer Seite.

Nachdenklich tauche ich meine Hand in das Wasser der Quelle. Einer örtlichen Legende zufolge kann man ein Unwetter heraufbeschwören, wenn man etwas Quellwasser auf den flachen Schlussstein der Einfassung spritzt. Soll ich …? Nein, lieber nicht! Es hat etwas Magisches, wie das Sonnenlicht in leuchtenden Strahlen durch das Blätterdach fällt und goldene Tupfen auf den Waldboden malt. Ich lasse das Wetter, wie es ist, und wandere lieber noch etwas tiefer in diesen Wald hinein, wo hinter jedem Baum und jedem Felsen eine neue Geschichte wartet. ◀

Hinter jedem Baum, jedem Fels wartet eine neue Geschichte.

unten Merlins Grab: Unter diesen mächtigen Steinblöcken soll der mächtige Zauberer in ewigem Schlaf liegen.
Mitte Neues Leben: Nach einem verheerenden Waldbrand pflanzten ehrenamtliche Helfer Tausende neuer Bäume.
rechts Zu allen Zeiten regte der Wald von Brocéliande die Fantasie der Menschen an.

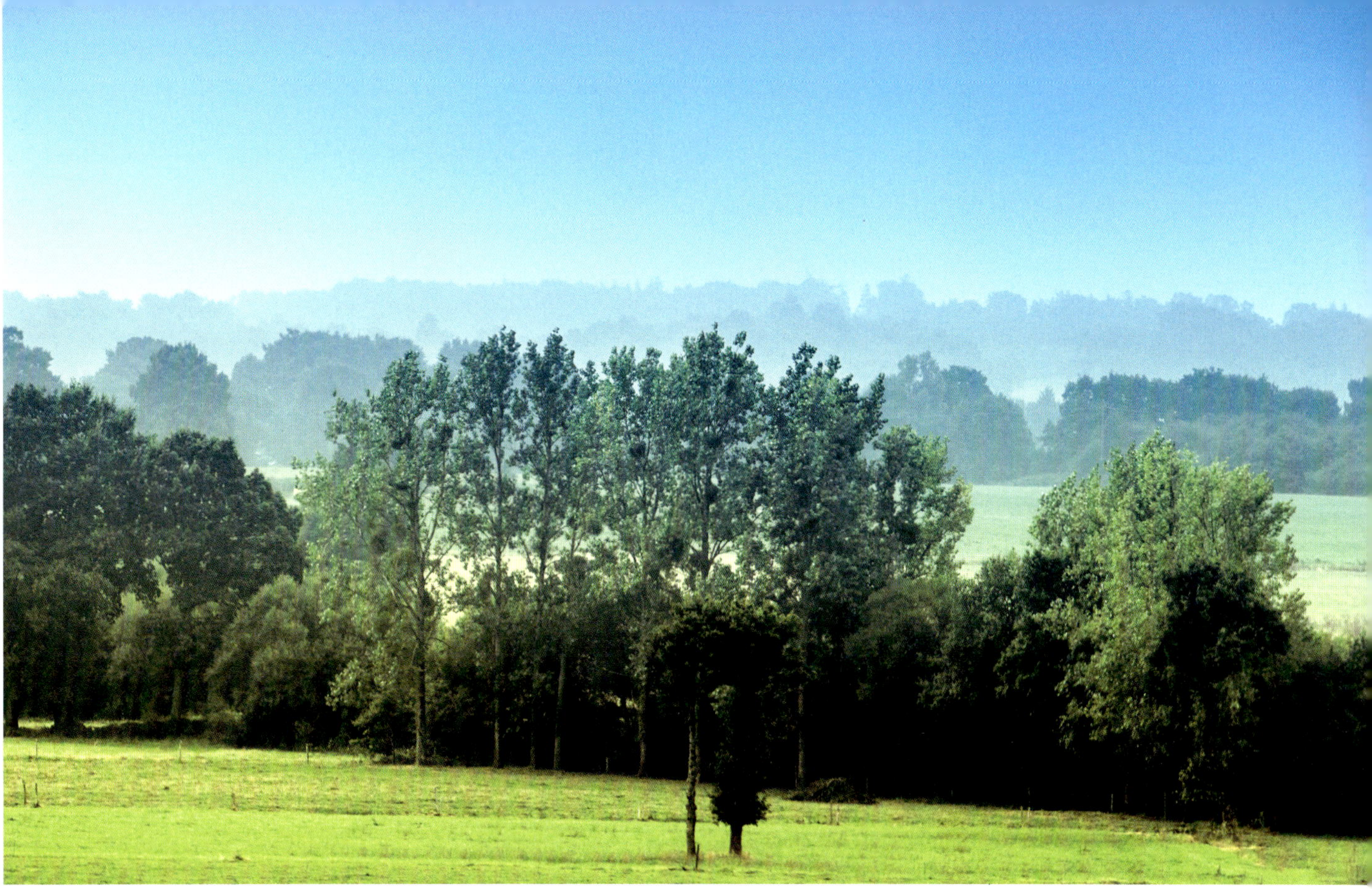

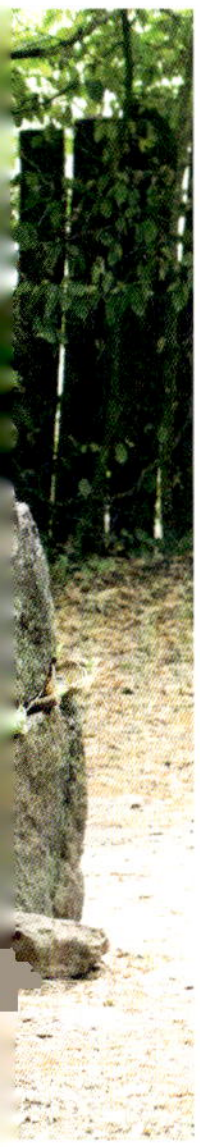

TIEF EINTAUCHEN IN DIE MÄRCHENWELT DES WALDES VON BROCÉLIANDE

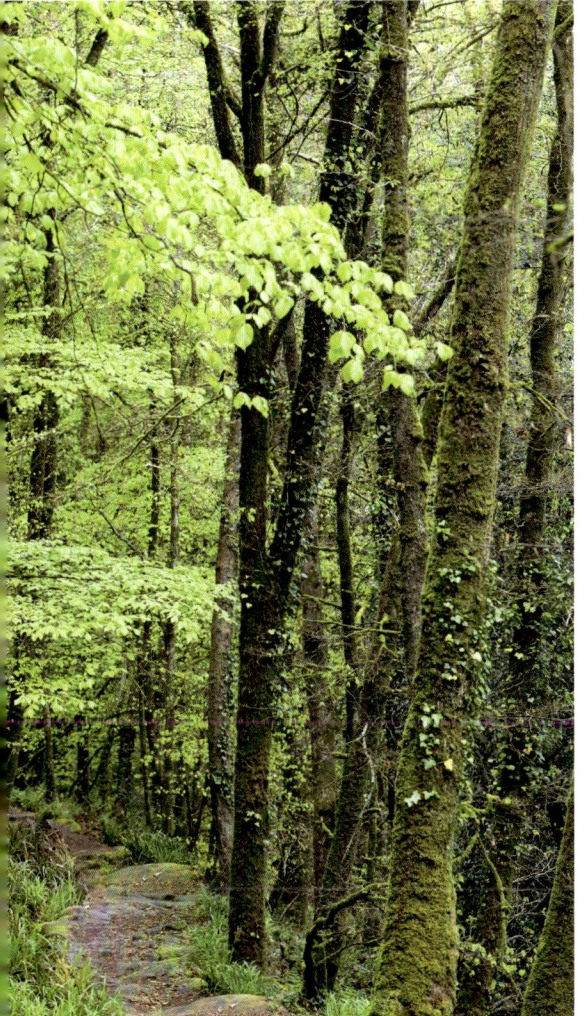

3 × SAGENHAFTES

MERLINS GRAB: Im Wald bei Saint-Malon-sur-Mel soll Merlin in einem Grab aus zwei schlichten Felsen auf seine Erlösung warten. Immer wieder legen Besucher hier Blumen und andere Gaben nieder, auf dass der Magier ihnen einen Wunsch erfüllen möge.

ARTUS-SAGE IM SCHNELLDURCHLAUF: Das Château de Comper in Concoret beherbergt das Centre de l'Imaginaire arthurien. Die hier gezeigte Multimediaschau ist von Motiven der Artus-Sage inspiriert. Auf dem Grund des Schlossparksees liegt das Kristallschloss der Fee Viviane.

SAGENHAFTE IMPRESSIONEN: In Paimpont kann man »Les Portes des Secrets« (Die Pforten der Geheimnisse) durchschreiten, dahinter erwartet die Besucher ein liebevoll inszeniertes Panorama diverser Sagen, die sich um den Wald von Brocéliande ranken.

Pyrenäen – Frankreich

DIE WILDEN
BERGE

➤ Es gurgelt und rauscht im tiefen Wald. Dann blitzt plötzlich zwischen jahrhundertealten Weißtannen wildes Wasser auf, auf dem Sonnenstrahlen wie Sterne tanzen: unterwegs am Pont d'Espagne im Herzen des Pyrenäen-Nationalparks. 100 Kilometer lang, aber nur zehn Kilometer breit, schützt der Park nur einen kleinen Teil des mächtigen Gebirges, das Frankreich zu Spanien begrenzt. Wild, ursprünglich und völlig anders als die Alpen.

Von Hilke Maunder

Die Pyrenäen
sind ein echter Grenzfall: Hier endet Europa
und beginnt Afrika. Zumindest für die Geologen –
denn hier knallt unsere Kontinentalplatte an das afrikanische Schild. Der Urgestein wurde hochgeschoben,
geknickt, gefaltet – schroff und steil zum Felsriegel der
Pyrenäen.

Unbezwingbar, denke ich und ein wenig werden
die Beine weich. Zwei schmale Bänder halten eiför-
mige Gitter aus rotem Plastik an meinen Füßen fest.
Die Hände klammern sich an Skistöcke. Im Rucksack
ist ein Picknick vorbereitet. Ein eisiger Wind bläst
aus Südwest. Breitbeinig folge ich Bernard Josué
und stapfe an der steilen Flanke des Pic du Taillón

(3144 Meter) entlang, während sich mein klappender
Schneeschuh im Schnee verkrallt.

Stundenlang wandern wir so durch den Gebirgs-
kessel. Meterhoch glitzert die weiße Pracht. 42 Wasserfälle bilden klirrende Kaskaden aus Eis, einige fast
500 Meter hoch. Bricht eine Spitze ab, hallt ihr Echo
wie ein Donner. Unser Ziel ist die Brèche de Roland
(2807 Meter). Dort, wo das Schwert des sterbenden
Roland diese markante Scharte in die kilometerlange
Kalkmauer geschlagen haben soll, hält Josué inne,
öffnet den Rucksack und bereitet im Windschatten
eines Felsblocks ein *gouter* vor, ein kleines Picknick
mit Bergkäse, Hartwurst, Tee und Brot. Dann holt
er ein zerfleddertes Büchlein heraus und reicht es
mir. »Die Felswände stehen in einem gigantischen
Halbkreis, oben liegt etwas Schnee, und das Ganze ist
schön anzusehen ...« Kurt Tucholsky. 1927 in seinem
»Pyrenäenbuch«.

Gen Westen ragt die Eisspitze des Vignemale
3298 Meter hoch in den Himmel – Rekord im Nationalpark. Von Osten weht sanft und mild das Mittelmeer herüber, von Westen kommt kühlere Atlantik-
luft: Auch das Klima ist ein Grenzfall. Es ändert sich
von Tal zu Tal und sorgt für eine einzigartige Vielfalt.
Pflanzen, anderswo ausgestorben, haben hier überlebt.

Beide Seiten Die Pyrenäen-Schwarz-
kiefer hält problemlos Frost bis minus
16 Grad aus. Sie rahmt nicht nur das
Hochtal des Pont d'Espagne und die
Wedelberge der Hochpyrenäen bei
Saint-Lary-Soulan ein, sondern wird auch
auch seit Jahrhunderten zum Bauen
verwendet – wie beim nostalgischen
Bahnhof von Cauterets, der um 1900
komplett aus Holz entstand.

*Meterhoch glitzert die
weiße Pracht.*

Pyrenäen-Lilie, Pyrenäen-Baldrian und der Pyrenäen-Steinbrech sind nur hier daheim. Bis 1100 Meter gedeihen Eichen und Kastanien, Rotbuchen und Tannen, gefolgt von Birken und Ebereschen und ganz oben Tannen und Kiefern. Steinadler, Lämmer- und Gänsegeier kreisen am hohen Himmel, Gämse klettern über zerfurchten Fels, Fischotter leben an Flüssen und Seen.

In den tiefen Wäldern ist wieder der Braunbär heimisch. 2004 war mit Cannelle die letzte Bärin Frankreichs von der angeblich verirrten Kugel eines Wildschweinjägers getötet wurden. Der Nachschub aus Slowenien, fünf Tiere und genetisch dem Pyrenäenbär sehr ähnlich, hat sich so gut eingelebt, dass heute rund 40 Bären in den Departements Pyrénées Atlantiques, Hautes-Pyrénées, Haute-Garonne und Ariège leben.

Geist der Ahnen und Gottheit: Bis weit ins Mittelalter hinein wurde der Bär dort so verehrt. Legenden und Mythen ranken um das Zotteltier. Und wilde Spektakel wie die Fêtes de l'Ours, die Bärenfeste des Vallespir. Im Hochtal des Tech soll einst ein Bär, völlig ausgehungert, eine Schäferin geraubt haben. Holzfäller, die in der Nähe arbeiteten, hörten die Hilferufe des Mädchens und befreiten sie – ein Ereignis, das alljährlich im Februar wiederauflebt. Drei Männer, die Gesichter rußgeschwärzt, den Körper mit Schafsfellen behängt, rennen durch die Gassen des befestigten Städtchens, die Schäferin in ihren Fängen, Dörfler und Besucher hinterher. Wer sich ihnen in den Weg stellt, wird mit Ruß beschmiert. Und danach? Wird getafelt und getanzt. Und in Strömen fließt … Bärenbier der Brasserie de l'Ours. ◀◀

{ *Wilde Wasser* }

RAUSCHEN AM PONT D'ESPAGNE

links / Mitte Waldreich mit wildem Wasser: »Klein-Kanada« am Pont d'Espagne.
oben Verlassen: Die Pyrenäen leiden unter Landflucht. Auf dem Col d'Aspet erobert die Natur die einstige Gaststätte.

HOHE GIPFEL, TIEFE SCHLUCHTEN UND HEISSE QUELLEN IN DEN PYRENÄEN

3 × UNVERGESSLICH

GIPFELNACHT: Auf dem 2877 Meter hohen Kegel des Pic du Midi ist man dem Himmel ganz nah: Schwebt per Gondel zum Planetarium, entdeckt mit dem Teleskop den Sternenhimmel, lasst euch von Marc Berger kulinarisch verwöhnen und erlebt, wie die Pyrenäenkette in der Dämmerung wie Purpur leuchtet.

HEISSE GÄNGE: Oben: 13 gletscherglänzende Dreitausender, die über Belle-Époque-Prachtbauten funkeln. Unten: Große Gänge in Felswänden, in denen Thermalwasser, 38 bis 42 Grad warm, euch schwitzen lässt. Das Vaporarium von Luchon – ein einzigartiger Natur-Hammam, der die Spionin Mata Hari begeisterte.

GORGES DE LA FOU: Enger ist weltweit keine Klamm: Bis auf 70 Zentimeter rücken die Felswände der »Schlucht der Verrückten« zusammen, in der Geister und Hexen hausen sollen. Fast 1,8 Kilometer folgt ein mit Netzen und Notfall-Telefon gesicherter Weg dem Wildbach über Stufen, Stahlgitter und Tunnel – ein Helm ist im Eintritt inbegriffen!

Sierras de Tejeda, Almijara & Alhama – Spanien

DAS *Mittelmeer* IST IMMER DABEI

➡ Gleich hinter Nerja, einem ehemaligen Fischerdorf an der Costa de Sol in Andalusien, erheben sich die imposanten Gebirgszüge der Sierras de Tejeda, Almijara und Alhama. Die Nähe zum Wasser macht diese Berge und ihre Wälder für Besucher so reizvoll: Nach einer Wanderung lockt ein erfrischendes Bad im Meer.

Von Monika Rößiger

rellweiß liegt
der Weg vor mir, der nahe der berühmten Tropf-
steinhöhle von Nerja beginnt. Das Weiß weist schon
auf die geologische Beschaffenheit der Umgebung hin,
ein Kalksteingebirge, dolomitischer Marmor, das den
fruchtbaren Untergrund für einen mediterranen Wald
aus Kiefern und Steineichen bildet. Viel interessanter
aber ist die verwirrende Flut von Eindrücken, die
mich beim Aufstieg umgibt: eine mehr als 1700 Meter
hohe Bergkette, die wie eine lilagraue Mauer in der
Küstenebene steht. Ihre Gipfel zeichnen sich scharf-
kantig vom blauem Himmel ab, darunter grüne Matten aus Gräsern, Moosen und Flechten, weiter unten
Sträucher und Wald. Und wenn ich mich umdrehe,
sehe ich weiße Dörfer und blicke über eine endlose
Weite aus tintenblauem Meer. Anfangs kann ich mich
gar nicht entscheiden, wo ich zuerst hingucken soll.

   Das gibt sich spätestens, als ich in den Kiefernwald eintauche und den balsamischen Duft von
Piniennadeln einatme. So urwüchsig manche der
Bäume hier auch wirken, sie sind nicht »reine« Natur,
sondern Menschenwerk. Sie stammen aus Zeiten
der Wiederaufforstung einer Region, die früher mal
stark wirtschaftlich genutzt wurde. Das sieht man ihr
heute kaum noch an und inzwischen ist das Gebiet als
Naturpark geschützt. Im 19. Jahrhundert wurden hier
Weidewirtschaft, Oliven- und Weinanbau betrieben,
auch Bergbau. Später pflanzte man unterschiedliche
Arten von Kiefern an, darunter die im Mittelmeer-
raum weit verbreitete Aleppokiefer. Das Harz wurde
zur Herstellung von Pech genutzt. Manche Kiefern
haben fingerlange Nadeln, die grazile Büschel formen
und dazwischen das Blau des Himmels und des Meeres durchscheinen lassen.

   Der Pfad windet sich durch den Wald aufwärts
und wenn er ihn bisweilen verlässt, bieten sich
abermals Panoramaausblicke in die schroffe Bergwelt: in Täler und Schluchten, an deren Hängen sich

Feigenkakteen, Agaven und Zwergpalmen krallen. Aus Flussniederungen leuchtet rosarot der Oleander und Ginstersträucher tupfen gelbe Farbkleckse in die Landschaft. Die Ginsterkatze ist hier ebenso zu Hause wie der Steinbock, Steinadler und weitere Adlerarten, Gänse- und Schmutzgeier, Uhu und Fischotter – mithin das Who's who geschützter und emblematischer Tierarten. Auch botanisch hat dieses Küstengebirge zwischen Málaga und Granada einiges zu bieten, zumal montanes und maritimes Klima aufeinandertreffen. Allein über die regionalen Heilpflanzen gibt es ganze Bücher. Rosmarin, Thymian und Oregano säumen den Weg. Außer den Pinien wächst hier noch die Steineiche, die ihre kleinen ledrigen Blätter auch im Winter nicht abwirft. Gemeinsam mit Olivenbäumen bildet sie immergrüne Laubwälder, die niedriger als die Wälder in Nordeuropa sind und mehr Unterwuchs aufweisen.

Bei mehr als 300 Sonnentagen im Jahr gehört die Axarquía, wie dieser Landstrich auch heißt, schon seit Langem zu den bevorzugten Regionen des Menschen in Europa. Seine Spuren reichen hier von der Steinzeit über die antiken Kulturen der Phönizier und Römer bis zu den Mauren im Mittelalter, die sich in den schwer zugänglichen Gebirgsregionen am längsten der spanischen Reconquista widersetzen konnten. Obwohl die Berg-»Mauer« bei mir keinerlei Ehrgeiz weckt, sie zu überwinden, gab es schon vor Jahrhunderten Menschen, die sich davon nicht abschrecken ließen: Sie überquerten beispielsweise den Pass bei Frijiliana, um Fisch ins bergige Granada zu bringen. So weit möchte ich dann doch nicht gehen und wähle die bequeme Variante – den gleichen Weg zurück. Statt Berghütte oder Alhambra erwartet mich der Strand von Nerja, wo Sardinen am Spieß über offenem Holzfeuer gegrillt werden. Schon ohne Wanderung ist der Duft unwiderstehlich, aber nach einem Ausflug in den Bergwald schmeckt es gleich doppelt so gut. Und dann geht die Sonne über dem weiten Meer unter … ◄◄

vorige Seite Beim Aufstieg durch den Kiefernwald kann man immer auch aufs Meer blicken.
links Die Sierra de Almijara erhebt sich aus der Küstenebene der Axarquía.
Mitte Ein Schmetterling rastet am Wegesrand.
rechts oben Blühende Sträucher gedeihen an den Hängen des Kalkgebirges.
rechts unten Das weiße Bergdorf Frijiliana wurde schon mehrfach zum schönsten Dorf Andalusiens gekürt.

DIE VIELFALT MENSCHLICHER SPUREN IN DER AXARQUÍA

2 × EINTAUCHEN

DIE TROPFSTEINHÖHLE VON NERJA: Sie ist mit ihren Stalaktiten, Stalagmiten und prähistorischen Wandmalereien an sich schon sehenswert. Aber im Sommer wird das Ganze noch getoppt durch das jährlich veranstaltete Musik- und Tanzfestival. Egal, ob klassische Musik, Ballett oder Flamenco: Die Kulisse und Akustik in der Höhle sind ein hinreißendes Erlebnis.

DAS WEISSE BERGDORF FRIJILIANA: Im maurischen Mudéjar-Stil erbaut mit ineinander verschachtelten Häusern, deren weiß gekalkte Fassaden tagsüber in der Sonne blenden. Schon mehrfach als schönstes Dorf Andalusiens ausgezeichnet, spaziert man durch eng gewundene Gassen, die üppig mit Blumen geschmückt sind. Das aufwendig von Hand verlegte Steinpflaster ist mit Ornamenten verziert. Beim Bummel durch die Altstadt erfährt man ganz nebenbei etwas über die Geschichte des Ortes: Anhand von Kacheltafeln wird die Schlacht zwischen Christen und Morisken (den Konvertiten nach der Reconquista) im Jahr 1569 nacherzählt.

La Gomera – Spanien

WO BÄUME
WOLKEN
MELKEN

➡ Belaubte Wälder, Wärme, Licht und blauer Himmel – für mitteleuropäische Wintermonate der schiere Luxus – sind auf der zweitkleinsten Kanareninsel La Gomera gang und gäbe. Denn hier herrschen das ganze Jahr über frühlingshafte Temperaturen. Mein Lieblingstummelplatz auf dem immergrünen Eiland im Atlantik ist der geheimnisvolle, wunderschöne Lorbeerwald von Garajonay.

Von Carsten Heinke

Wie durch ein **unsichtbares Tor** betrete ich das Reich der Hexenbäume. Sonnenschein und Vogelstimmen bleiben hinter mir. Die Nebelwand, die jeden Laut zu schlucken scheint, umschließt mich ebenso wie das Gewirr der schiefen, knorrigen und krummen Stämme, Äste, Zweige, Wurzeln. Die meisten sind so dicht von Moos und Flechten überwuchert, dass man meinen könnte, es sei Fell. Dazwischen schießen braune, gelbe oder weiße Pilze wie Beulen aus dem Pflanzenpelz.

Wo kein Platz mehr auf dem Holz ist, wachsen lange, wilde Zotteln nach unten – grün bis silberweiß und manchmal meterlang. Vom Boden strecken sich zerzauste Büsche und hoher Farn mir entgegen. Gänsedisteln geben sich mit kräftigen, holzigen Stängeln als kleine Bäume aus. Ihre sonnengelben Blüten und leuchtend grünen Blätter, die an Löwenzahn erinnern, verleihen der nebeligen Düsternis farbige Akzente. Doch selbst dort, wo keine Blumen blühen, zieht mich die schaurig-schöne Wildnis tief in ihren Bann.

Die kühle Luft ist voller winzig kleiner Wasserperlen, riecht nach Erde, feuchtem Laub und – Lorbeerbäumen. Das Biotop, das sie hier im Herzen La Gomeras bilden, ist weltweit das bedeutendste seiner Art. Mit Echtem Lorbeer, allgemein bekannt als Ingredienz für Suppen oder Siegerkränze, sind diese aromatischen Pflanzen jedoch nur verwandt. In tiefen Zügen atme ich ihren herben Duft. Die alten Griechen glaubten, er könne Tote zum Leben erwecken.

Lorbeerwälder bedeckten früher weite Teile des europäischen Kontinents. Von der Eiszeit, die sie vernichtete, blieben die Kanaren verschont. Sie waren nie mit dem Festland verbunden. Vier endemische Spezies aus der Familie der Lorbeergewächse, zu denen übrigens auch Zimt und Avocado gehören, existieren auf

Ich laufe durch die Wolken.

dem Archipel bis heute. Ihr Bestand auf La Gomera ist das Kernstück des Nationalparks Garajonay, der mit knapp 4000 Hektar Teile aller sechs Gemeinden und insgesamt ein Zehntel der Inseloberfläche einnimmt.

Der Ozean liegt nun fast einen Kilometer unter mir, 500 Meter weiter oben der höchste Punkt der Insel: Pico de Garajonay. Immer wieder gibt der Wald auf meiner Wanderung den Blick frei auf den blauen Horizont, eingerahmt von Bergen.

Die Aussicht ist gigantisch. Ich fühle mich wie im Himmel – und muss tatsächlich dort sein. Denn inzwischen laufe ich durch Wolken. Dort, wo sie an den steilen Inselflanken hängenbleiben, recken ihnen die ewig durstigen Lorbeerbäume ihre pelzigen Arme entgegen, um sie förmlich leer zu melken. Auf

vorige Seite Dichter Lorbeerurwald überwucherte einst weite Teile Europas.
links Die bemoosten Bäume saugen die Feuchtigkeit aus den Wolken.
ganz oben Der Tafelberg Fortaleza de Chipude wurde von der Urbevölkerung La Gomeras als heiliger Ort verehrt.
oben Flechten umhüllen Äste und Zweige wie ein silbergrauer Pelz.

ihren Blättern, die von Wachs bedeckt sind, verwandelt sich der Wolkendunst zu Wasser und tropft über viele botanische Etagen hinweg zum Boden.

Wie Schwämme saugen sich die Moose voll. Sukkulenten eifern mit ihren dicken, schüsselartigen Blättern um jeden Tropfen. Wo die braune bis rote Erde unbewachsen ist, bilden sich oft Schlamm und Pfützen. Unzählige kleine Quellen, von denen ich ein paar passiere, sorgen für den Abfluss all des nassen Guts, das der Wald nicht aufnehmen kann.

Je weiter mich der Pfad nach oben führt, umso trockener wird alles. Die Wolken sind wie weggeleckt, die Sonne scheint. Die Vögel zwitschern wieder. Wie auch in den Höhenlagen bis 500 Meter, wo Wacholder und Kanarenpalmen gedeihen, fehlt es hier an lebensspendender Feuchtigkeit. Die Flora passt sich an. Immergrüne Gagelbäume und Riesen-Erika gesellen sich zu dem robusten Artenmix, wo der Lorbeerwald ganz allmählich zum Baumheide-Buschwald wird.

Der Legende nach fand in diesem Wunderland eine Liebesgeschichte ihr tragisches Ende. Weil die Verbindung zwischen der Guanchen-Prinzessin Gara und dem Bauernsohn Jonay nicht geduldet wurde, floh das unglückliche Paar in La Gomeras Wolkenwald und ging gemeinsam in den Tod. Der Geist ihrer Liebe wohnt bis heute in den Bäumen. Berg und Nationalpark tragen ihre Namen. ◀

ganz links Subtropischer Lorbeerwald hat einen einfachen Stockwerkaufbau. Wirklich durchschauen kann man ihn trotzdem nicht – schon wegen des häufigen Nebels.
links Die hübschen Blütenstände des Blauen Bergnatternkopfes nutzen Bienen und andere Insekten als Weide.
Mitte unten Menschenhohe Gänsedisteln lassen Wanderer wie Zwerge in einem Riesenland erscheinen.
oben Dickblättrige Sukkulenten wie diese Aeonium-Art sind ideale Wasserspeicher.

SCHLAFEN, GENIESSEN UND SICH VERWÖHNEN AUF LA GOMERA

4 × INSELTIPPS

HAUS AM WALD: Eine gemütliche Finca am Rand des Lorbeerwalds ist die Casa Rural La Palmita in Agulo. Sie bietet Platz für maximal fünf Personen. Von der Dachterrasse schaut man über grüne Berghänge und den Atlantik bis zum Teide, dem höchsten Gipfel Teneriffas.

PFEIFSPRACHE SILBO: Um sich über die vielen Schluchten ihrer Insel hinweg verständigen zu können, schufen die Ureinwohner La Gomeras die weit zu hörende Pfeifsprache Silbo. Erleben kann man das UNESCO-Weltkulturerbe auf den zahlreichen Fiestas oder ganz einfach bei einer Wanderung.

ESSEN: Echte gomerische Küche und Gastfreundschaft gibt es im Familienrestaurant »La Montaña Casa Efigenia« in Las Hayas. Die Früchte stammen direkt von der Insel und die Speisen sind mit viel Liebe zubereitet.

ALOE VERA: Die vielseitig nutzbare und für ihre Heilkraft berühmte Pflanze wird traditionell auf den Kanaren angebaut und zu diversen Gesundheitsprodukten verarbeitet. Das Aloe Vera Center von Hermigua bietet Führungen durch eine Ökoplantage an und Produkte direkt vom Hersteller.

Alentejo – Portugal

AUF DEN SPUREN
der Korkeiche

➥ Riechen Sie manchmal am Korken, nachdem Sie ihn mit einem »Plopp« aus der Weinflasche gezogen haben? Woher kommt dieser Rohstoff? Das Alentejo ist eine jener Regionen, in der die Korkeichen wachsen, sie prägen eine jahrhundertealte Kulturlandschaft.

Von Andreas Riedmiller

Die pilzförmigen Baumkronen der Steineichen

bilden dunkle Silhouetten am Horizont, daneben gesellen sich skurrile Korkeichen. Mittags brennt die Sonne. Schwarze Stiere und wiederkäuende Kühe suchen den Schatten der Bäume und im ausgetrockneten Gras stehen vereinzelt Schafe. Die Zeit scheint stillzustehen.

Der »Korkbaron« Luiz Diaz holt mich in Grândola mit dem Landrover ab. Von einem Hügel aus sehen wir zur Linken den blauen Atlantik und zur Rechten bis zum Horizont die Korkeichenwälder seines Anwesens. Die Wiesen sind im späten Frühling bereits braungelb und ausgedörrt. Rostige Wassertanks stehen bereit, falls ein Waldbrand zu löschen wäre. Im Ernstfall sind sie aber nur ein Tropfen auf den heißen Stein. Die immergrünen Korkeichen, *Quercus suber*, sind anspruchslos und vertragen die wiederkehrenden Hitzeperioden gut. Früher wurden sie durch schnellwachsende Eukalyptusbäume ersetzt, es zeigte sich aber, dass Eukalypten wie Zunder brennen. Zwar sind Korkeichen nicht gegen Feuer resistent, die Borke schützt aber ihre Kambiumschicht vor der Hitze. Dort sitzen sogenannte schlafende Knospen, die wieder austreiben und den Baum ergrünen lassen.

Wir bleiben an einer Lichtung stehen. Luiz steigt aus und zeigt mir seinen Lieblingsbaum. Er schützt diese Korkeiche als Vorzeigeexemplar, sie wird weder geschält noch gefällt. Ich laufe drumherum, schaue in die Krone und berühre die rissige Borke. Einige dieser frei stehenden Charakterbäume strecken ihre knorrigen Äste in den Himmel. Kein Baum gleicht dem anderen.

Die traditionellen Korkeichengebiete werden in Portugal »Montado« genannt – die von Menschenhand geschaffene Kulturlandschaft hat eine über 1000-jährige Tradition. Die Wälder zählen zu den artenreichsten Biotopen Europas, zwischen den Eichen wachsen stellenweise Zistrosen, Erdbeerbäume und andere Hartlaubgewächse. Sie bieten Lebensraum für Skorpione, giftige Taranteln, Fledermäuse und Singvögel. Greifvögel wie Schlangenadler, Kaiser-

Bilder und Erinnerungen an lichtdurchflutete Eichenwälder tauchen in mir auf.

adler und Schwarzer Milan horsten in den Baumkronen. Auch der seltene Iberische Luchs streift als Einzelgänger wieder durch diese Wälder.

Am nächsten Morgen bringt mich Luiz zu seinen Arbeitern. Einige schärfen mit dem Schleifstein ihre Axt. Andere zerkleinern Eisbrocken, um Trinkwasser für den Tag zu kühlen. Im Alter von 50 Jahren sind die Baumriesen erntereif. Korkeichen sind die einzige Baumart, deren Borke immer wieder nachwächst, ohne dass der Baum Schaden nimmt. Jeweils zwei Männer widmen sich einem Baum, mit Geschick setzen sie kräftige Hiebe quer und in Längsrichtung am Stamm an. Danach heben sie die Borke leicht an, um den langen Schaft des Beils hineinzuschieben. Es ist wichtig, die empfindliche Kambiumschicht nicht zu beschädigen, denn hier sind die Lebensadern des Baums. Frauen markie-

vorige Seite Auf einer Koppel stehen Korkeichen mit weit ausladenden Baumkronen. Die Landschaft gleicht einer Parkanlage.
oben Die lichtdurchfluteten Korkeichenwälder lassen eine Vielfalt an Gräsern und Blütenpflanzen gedeihen. Die Montado zählen zu den artenreichsten Biotopen Europas.
rechts Schafe halten den Bewuchs zwischen den Bäumen kurz. Dadurch kann sich eine vielfältige Flora und Insektenfauna entwickeln.
ganz rechts Frisch geschälte Korkeichen riechen nach Muskat und Zimt – die junge Rinde fühlt sich samtig an. Die Korkernte ist Handarbeit und Kork zählt zu den wichtigsten Exportgütern Portugals.

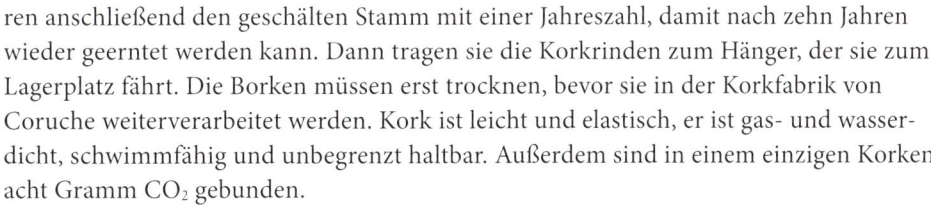

ren anschließend den geschälten Stamm mit einer Jahreszahl, damit nach zehn Jahren wieder geerntet werden kann. Dann tragen sie die Korkrinden zum Hänger, der sie zum Lagerplatz fährt. Die Borken müssen erst trocknen, bevor sie in der Korkfabrik von Coruche weiterverarbeitet werden. Kork ist leicht und elastisch, er ist gas- und wasserdicht, schwimmfähig und unbegrenzt haltbar. Außerdem sind in einem einzigen Korken acht Gramm CO_2 gebunden.

Die geschälten Baumstämme duften nach Muskat und Zimt, sie fühlen sich samtig an. Der abgeerntete Stamm verändert über die Jahre seine Farbe in verschiedenen Brauntöne. Im Laufe der Zeit wächst die Rinde nach, die sich erneut zu einer dicken Borke entwickelt.

Zu Hause ziehe ich einen Korken aus der Weinflasche, rieche und fühle ihn. Bilder und Erinnerungen an lichtdurchflutete Eichenwälder tauchen auf. Jede erlebnisreiche Reise trägt den Keim für die nächste in sich, und meine Gedanken verweilen bei der riesigen Korkeiche im Alentejo. ◂◂

DAS ALENTEJO ERLEBEN UND GENIESSEN

3 × LEBENSKUNST

TOUREN IM KORKEICHENWALD: Vom Landgut Herdade das Barradas du Serra bei Grândola bieten sich Touren zu Fuß oder mit dem Mountainbike an. Die Korkernte findet in den Sommermonaten statt und Luiz Diaz führt seine Hausgäste höchstpersönlich über das Gelände. Nicht weit entfernt liegt ein fast menschenleerer Sandstrand an der Atlantikküste.

ERHOLUNG PUR: In komfortablen Landgütern zwischen Korkeichenhainen oder im Weinberg kann man neue Kräfte tanken. Die Restaurants der Umgebung servieren fangfrischen Fisch aus dem Atlantik und knackiges Obst und Gemüse aus den umliegenden Gärten. Berühmt ist auch der Jamón Ibérico von Schweinen, die frei in den Kork- und Steineichenwäldern leben und sich im Herbst von den herabgefallenen Eicheln ernähren. Dazu gibt es die erlesenen Weine des Alentejo ganz nach Goethes Motto: »Das Leben ist viel zu kurz, um schlechten Wein zu trinken«.

AUSFLUG NACH ÉVORA: Die UNESCO-Welterbestadt zählt zu den schönsten Städten Portugals. Hauptsehenswürdigkeiten im historischen Zentrum sind der römische Diana-Tempel, ein großes Aquädukt und die Kathedrale mit ihren zwei ungleichen Türmen und einer prächtigen Schatzkammer für religiöse Kunst.

Spätsommer. Odenwald

{ *Erinnerungen* – mit dem GEFÜHL, zu neuen **Ufern** aufzubrechen }

MICHAEL ANDRÉ ANKERMÜLLER

Michael Ankermüller reist immer, zumindest, wenn man seinen Freunden Glauben schenken darf. Mal in den Südtiroler Bergen, um digital zu entgiften, mal auf Kuba in den Fußstapfen von Hemingway, mal in den Wäldern Montenegros oder auf den Bahamas im Speed-Boot. Er hat seine Leidenschaft zum Schreiben zum Beruf gemacht und arbeitet als freier Journalist, Medienberater und Blogger.

www.blogboheme.de

WALDFREUNDE

Die Waldfreunde entdecken lichte und verwunschene Haine, erleben Abenteuer und Stille, vor der Haustür und weiter weg.

STEFANIE CLAUS

Schon früh suchte sich Stefanie Claus ihre erste neue Heimat auf Zeit. Als Austauschschülerin wohnte sie ein Jahr lang bei einer Familie in West-Texas und hatte das Glück, mit der fremden Sprache auch eine neue Weltsicht zu gewinnen. Nach Stationen in Russland, Polen, Kasachstan und der Schweiz lebt sie nun in Italien und erzählt vom Reisen und Leben dort, am liebsten von unbekannten Seiten und überraschenden Begegnungen.

www.azzurro-diary.com

CORNELIA DÖRR

Cornelia Dörr ist seit 1999 als Natur- und Landschaftsfotografin unterwegs, ob in der klirrenden Eislandschaft Grönlands oder in den tiefen Wäldern Transsylvaniens. Einige ihrer Bilder erhielten Auszeichnungen beim Wettbewerb Wildlife Photographer of the Year und als Fotografin wurde sie für das angesehene Naturfotoprojekt Wild Wonders of Europe ausgewählt. Cornelia Dörr veröffentlichte Fotolehrbücher, Bildbände über Patagonien und zahlreiche Beiträge in Kalendern.

www.doerrphotodesign.de

SANDRA FREUDENBERG

Sandra Freudenberg hat immer ein Stück Wald in der Nähe. »Auf meinen Wegen finde ich garantiert ein paar Bäume und ihre Begleiter zum Bestaunen und zum Entspannen.« Am Wald bewundert sie die starken Kräfte von Verfall und Erneuerung und das partnerschaftliche Zusammenspiel der Lebewesen und Pflanzen. Die Autorin schreibt für die »taz.berlin« aus Bayern und für »National Geographic« aus den Bergen. Sie lebt in einem uralten Künstlerhaus in der Eifel und in Bad Tölz.

www.boff-film.de

MARION HAHNFELDT

Aufgewachsen im Brandenburgischen nahe Potsdam, arbeitet Marion Hahnfeldt seit mehr als 20 Jahren im Journalismus. Zuletzt war sie Ressortleiterin der Seite-3-Redaktion und Autorin fürs Wochenend-Journal der »Lübecker Nachrichten«. Heute ist sie als freie Journalistin für Tageszeitungen und Magazine tätig. Für journalistische Projekte zieht es sie in regelmäßigen Abständen in die nahe und weite Welt: Sie durchquerte Australien, arbeitete in Amsterdam und den USA oder hielt sich drei Monate auf der Hallig Hooge auf, deren Inselleben sie porträtierte.

www.marionhahnfeldt.de, www.threemonths.de

MONIKA HERBST

Mit den Alpen konnte sie nichts anfangen: Für die gebürtige Münchnerin Monika Herbst brauchte es erst Umwege über Berlin und Hamburg und schließlich die Nähe zum Harz, bis sie Wälder und Berge wirklich schätzen lernte: den Geruch von feuchtem Moos, die Sonnenstrahlen, die durch grüne Laubbäume blitzen und das Gefühl von Freiheit, ohne von Wänden begrenzt zu werden. Seit fünf Jahren bloggt die freie Journalistin über den Harz – und entdeckt immer noch Neues.

www.monika-herbst.de

HILKE MAUNDER

Mit 15 Jahren wollte Hilke Maunder mit Interrail durch ganz Europa fahren. Und verliebte sich in Frankreich. Vor drei Jahren fand sie im geliebten Nachbarland eine zweite Heimat. Eine Zeit lang pendelte sie, Monat für Monat, zwischen Hamburg und Südfrankreich. 2017 machte sie ihren Wunsch wahr – und die Wahlheimat zum neuen Zuhause. Und entdeckt jetzt noch intensiver das Land: zwischen Picardie und Pyrenäen, Atlantik und Mittelmeer.

www.meinfrankreich.com

NADINE ORMO

In der Uckermark aufgewachsen, gelangte Nadine Ormo über das Studium in Leipzig und Auslandsjahre in den USA und Norwegen nach München, wo sie seit dem Jahr 2000 lebt und in der PR arbeitet. Regelmäßig zieht es sie in die Natur, denn an der frischen Luft bekommt sie den Kopf besonders gut frei und findet ganz nebenbei wieder neue Ideen. Dabei erfreut sie sich am frischen Atomic-Grün eines Frühlingswalds genauso wie am monochromen Silbergrau eines bewölkten Wintertags in den Bergen.

www.kulturnatur.de, www.alpenkontor.de

MIA RABEN

Der Wald als Sehnsuchtsort hat die deutsch-polnische Autorin Mia Raben schon immer fasziniert. Während einer langen Recherche entdeckte sie die Wälder Masurens. Seit 15 Jahren berichtet sie regelmäßig aus Polen für verschiedene deutschsprachige Medien, darunter das Magazin »Brigitte« und die Wochenzeitung »Die Zeit«. Eines Tages wird sie vielleicht nach Masuren ziehen, um endlos lang durch die Wälder zu reiten …

JANA & JENS STEINGÄSSER

Jana und Jens Steingässer arbeiten als Autoren/ Fotografen-Team regelmäßig an gemeinsamen Projekten mit reise- und umweltjournalistischen Schwerpunkten. Auch wenn sie schon viele Paradise der Erde erkunden durften, gibt es für sie einen ganz besonderen magischen Ort, zu dem sie immer wieder zurückkehren: den Wald hinter ihrer eigenen Haustür.

www.reiselabor.de

ANDREAS RIEDMILLER

Andreas Riedmiller ist im Allgäu aufgewachsen und arbeitet seit mehr als 20 Jahren als freiberuflicher Fotograf, seine Fotoreportagen erscheinen in Büchern und Reisemagazinen. Faszinierende Natur- und Kulturlandschaften zählen zu den bevorzugten Themen. Der Blog »Lust auf NaTour« ist seit 2012 sein Medium ganz nach dem Motto: »Die wahren Entdeckungsreisen bestehen nicht darin, neue Landschaften zu suchen, sondern, dass man sie mit neuen Augen sieht.« (Marcel Proust)

www.lustaufnatour.de

SILKE HELLER-JUNG

Geschichten hat Silke Heller-Jung schon als Kind geliebt. Heute sucht und findet sie sie überall – und erzählt sie gern weiter: als Redakteurin, als Buchautorin und als ehrenamtliche Vorlesepatin. Die Geschichten, die sie auf ihren Reisen kreuz und quer durch Europa gesammelt hat, füllen inzwischen gut ein Dutzend Bücher. In den Wäldern rund um Köln ist die promovierte Kommunikationswissenschaftlerin fast täglich unterwegs – mit Familienhund Finnegan.

HANS ZAGLITSCH

Der Österreicher Hans Zaglitsch ist seit etwa 35 Jahren rund um den Erdball unterwegs, meist hat er nur ein Flugticket, eine Fotokamera und den Rucksack für das Notwendigste dabei. Anfang der 1990er-Jahre zog er nach Amsterdam und machte aus der Liebe zum Reisen und Fotografieren seinen Beruf. Seine Bilder sind mittlerweile in rund 130 Bildbänden, Reise- und Architekturführern sowie in zahlreichen Kalendern, Zeitschriften und Magazinen erschienen.

www.hans-zaglitsch.com

MICHAEL LECHNER

Dem Reisen mit Rucksack und »Lonely Planet« fügte Michael Lechner etwa vor 20 Jahren eine weitere Komponente hinzu – die Naturfotografie! Die intensiven Erlebnisse in der Natur, ganz gleich, ob auf den Gipfeln der Alpen, den Wäldern und Seen Skandinaviens oder bei emotionalen Begegnungen mit der Tierwelt, noch mal visuell erlebbar zu machen, sind für ihn Reiz und Ansporn zugleich. Also – nix wie raus!!!

www.naturfoto-lechner.de

MONIKA RÖSSIGER

Schon in ihrer Jugend zog es Monika Rößiger in den Wald – was mit stundenlangen Streifzügen samt Hund begann, endete in einer nächtlichen Waldwanderung in Schweden, auf der sie beinahe verloren gegangen wäre. Nach dem Biologiestudium war sie u.a. in Südostasien als Reise- und Wissenschaftsreporterin unterwegs. Aber auch der Wald in den Rocky Mountains hat es ihr angetan, in dem die Sachbuchautorin zum ersten Mal Wölfe in freier Natur beobachtete.

www.monikaroessiger.de

KERSTIN BECK

Von den schwäbischen Wäldern brauchte es einen Umweg über die rote Erde Australiens und das verschneite Lappland, um in der Nähe der niederländischen Küste permanent die Zelte aufzuschlagen. Kerstin Beck ist ein echter Draußenmensch und liebt die Natur in all ihren Erscheinungsformen. Als absoluter Fan der goldenen Jahreszeit macht sie sich jedes Jahr aufs Neue auf die Suche nach den schönsten Herbstwäldern Europas. Die Essenz dieser und aller anderen Reisen dokumentiert sie auf ihrem Blog.

www.paradise-found.de

CARSTEN HEINKE

Als Autor und Fotograf fühlt sich der gebürtige Sachse auf der ganzen Welt zu Hause. Stoff zu seinen Reisegeschichten findet Carsten Heinke sowohl in der Südsee als auch im lettischen Kurland, das er neben Mitteldeutschland zu seiner Heimat zählt. Meist hat Carstens Arbeit mit der Natur zu tun. Wo Tiere und Pflanzen ungestört in Freiheit und Frieden leben und sich entfalten können, fühlt er sich am wohlsten. Deshalb ist der Urwald sein Revier – ganz gleich, ob in den Tropen, auf La Gomera oder in Osteuropa.

www.die-reisejournalisten.de, www.facebook.com/MobileTravelStories

UTE KRANZ

Ihrer unbändigen Reiseleidenschaft hat Ute Kranz es zu verdanken, dass sie heute das Leben ihrer Träume führt. In den vergangenen Jahren hat die Kölner Kommunikationswirtin nicht nur fast 90 Länder bereist, sondern auch ihr ganzes Leben umgekrempelt. Mittlerweile lebt sie als Medienunternehmerin und Autorin an den unterschiedlichsten Orten Europas und begibt sich jenseits des Großstadtrummels gemeinsam mit ihrem Hund auf kleine und größere Abenteuer.

www.bravebird.de

RASSO KNOLLER

Als 15-Jährigem fiel Rasso Knoller ein Buch über Finnland in die Hände. Auf dem Titel war eine grünblaue finnische Landschaft zu sehen – ausgedehnte Wälder und Seen. Er war so begeistert, dass er von da an regelmäßig nach Finnland, Schweden und Norwegen reiste, später Skandinavistik studierte und sich für einige Jahre im hohen Norden niederließ. Inzwischen arbeitet er als Journalist und Autor wieder in Deutschland, die meisten seiner Texte haben aber nach wie vor Nordeuropa zum Thema. Rasso gehört dem Netzwerk »Die Reisejournalisten« an und hat www.weltreisejournal.de gegründet.

www.die-reisejournalisten.de

TOM DAUER

Der Wald stellte für Tom Dauer bisher eher eine Durchgangsstation dar – auf dem Weg zu den Graten und Gipfeln, die ihm seit seiner Jugend die Welt bedeuten. Dort verbringt der Autor und Filmemacher einen Großteil seiner Zeit, immer auf der Suche nach Geschichten, die das Menschliche in unwirtlicher Umgebung hervorbringen. Seine Nacht im Wald in diesem Buch war gerade deshalb ein berührendes Erlebnis. Und sie wird wohl nicht die letzte gewesen sein.

www.beschreiber.de/tom-dauer, www.boff-film.de

JENS FRANKE

In den letzten 15 Jahren hat Jens Franke zahlreiche Touren in Norwegen, Schweden, Island, Irland und den Alpen unternommen. Seine größte führte den Fotojournalisten 100 Tage zu Fuß durch Deutschland, um die landschaftlichen und kulinarischen Schätze seiner Heimat kennenzulernen. Seitdem lebt er am Rande der Bayerischen Voralpen und bewegt sich liebend gern mit seinem Husky Aiko bei rauer Wetterlage auf den stilleren Pfaden durch die Wälder- und Berglandschaften.

www.jensfranke.com

MIRIAM RÜGGEBERG

Reisen braucht Miriam zum Leben wie Ahornsirup auf ihrem French Toast. Kein Wetter hält sie davon ab, mit ihrem alten Bus in die Natur zu fahren. Ob windumtoste Bretagne, waldige Hedmark oder wildes Soča-Tal, am wohlsten fühlt sie sich zwischen Waldlichtung und Seeufer. Oder gleich inmitten der Bäume. In ihrem Blog versammelt die Journalistin zusammen mit ihrem Freund und Baumhausbauer Christopher Richter Geschichten rund um die fantastische Welt der Wipfelnester.

www.baumhausblog.com

ANDREA SCHWENDEMANN

Andrea Schwendemann ist Journalistin und (Kinderbuch-)Autorin. Mit dem Wald verbindet sie sehr viel: Sie ist im Schwarzwald geboren und aufgewachsen. Nach Stationen in Brasilien, Irland, Köln und Hamburg lebt sie wieder in Freiburg, wo sie das Text & Konzept-Büro leitet. Außerdem arbeitet sie für „spiegel-online", »Die Zeit«, »FLOW« und als Werbetexterin. Die Wochenenden verbringt sie auf einem Bauernhof im Schwarzwald – und entdeckt den Wald zu Fuß, auf dem Mountainbike oder auf Skiern.

www.andreaschwendemann.de

Bildnachweis

Moritz Attenberger (269 links); **Kerstin Beck** (7 oben, 30-33, 62–67, 192–197); **Àngel Belmonte Aguirre** (268 Mitte); **Pieter Bosma** (268 oben); **Stefanie Claus** (208–213); **Tom Dauer** (130–133); **Cornelia Dörr** (1, 8/9 oben, 10/11, 176/177, 186 links, 188/189 links, 272/273); **Ramon Dörr** (264 rechts); **Fotolia:** C.M.M. (110/111), Irina84 (169 rechts oben), hockmedia (169 unten), Leonid Ikan (220/221); **Jens Franke** (Cover, 104–109); **Sandra Freudenberg** (112 links, 113 rechts, 265 oben); **Ella Gnehm** (146 oben); **Marion Hahnfeldt** (88/89, 91, 92 oben, 93 oben); **Carsten Heinke** (9 unten, 156–161, 170–173, 252–257, 270 links, 271 unten); **Monika Herbst** (70–71, 94–99, 265 links unten); **Kai Heuser** (269 rechts); **Luca Ippolito** (214–219); **iStock:** siur (250/251 Mitte) **Emma Jung** (267 oben); **Susanne Kilimann** (268 rechts); **Rasso Knoller** (52–57); **Ute Kranz** (8 unten, 34-37, 150–155, 268 links); **Michael Lechner** (7 unten, 22-27, 60–61, 198–203, 206/207, 267 links); **Mauritius Images:** imageBROKER Karsten Hennig (84/85), United Archives/D-Damnatz (86), ALL-TRAVEL/Alamy (87 rechts), Travel Collection (168/169); **Hilke Maunder** (42–47, 180–183, 242–247, 270/271 oben); **Lara Maunder** (265 rechts unten); **Ulf-Kersten Neelsen** (90, 92/93 unten, 265 Mitte); **Linda O'Bryan** (267 Mitte); **Nadine Ormo** (120–129, 138–143, 266 oben, 271 rechts); **Rale Pavicevic** (230–233); **Mia Raben** (166/167, 266 links); **Christopher Richter** (269 Mitte); **Andreas Riedmiller** (258–261, 266 unten); **Monika Rößiger** (74–79, 248–251, 267 rechts); **Miriam Rüggeberg** (48–50, 51 rechts); **Frode Schei** (51 links); **Andrea Schwendemann** (269 unten); **Shutterstock:** jopelka (Cover), Juliretphotography (28-29), Anotherdaytoday (68-69), Heide Pinkall (87 links), travelview (112/113 oben), Nadezda Murmakova (112 rechts), ChWeiss (134/135), Lipatova Maryna (162/163), Iva Vagnerova (178–178); **Herbert Sennhauser** (144/145, 146 unten, 147); **Jens Steingässer/ reiselabor.de** (2–5, 80/81, 102/103, 114–119, 224–229, 262/263, 266 rechts); **Florian Stürzenbaum** (264 oben); **Textag/Adobe Stock** (75); **Asem Tokaeva** (264 links); **Wild Wonders of Europe/Cornelia Dörr** (8/9 oben, 184–185, 186/187 oben, 186/187 unten, 187 rechts, 188/189 unten, 189 oben); **Hans Zaglitsch** (236–241)

Impressum

Reihenkonzept Monique Sorban
Buchkonzept & Gesamtbetreuung Alexandra Schlüter, Hamburg
Lektorat & Projektmanagement Dr. Barbara Münch-Kienast, Andechs
Covergestaltung Britta Rungwerth, Wiesbaden
Buchgestaltung & Satz Karin Kleinschrot und Marion Köster, Stuttgart
Illustrationen & Karten Inga Sineux, Hamburg

Die Texte auf den Seiten 11, 60, 103, 177, 207, 263 und 273 stammen von Dr. Barbara Münch-Kienast. Das Vorwort auf Seite 6 stammt von Alexandra Schlüter.

MIX
Papier aus verantwor-
tungsvollen Quellen
FSC® C006655

Printed in Germany
1. Auflage 2018
© DuMont Reiseverlag, Ostfildern
ISBN 978-3-7701-8222-0
www.dumontreise.de

Zeit im Grünen

Zum Durchatmen und

Wachsen